ドイツは過去と
どう向き合ってきたか

熊谷 徹
Kumagai Toru

高文研

本書を、NHKの名プロデューサーとして
数々の素晴らしい番組を作られた、故 関藤隆博氏に捧げる。
関藤氏と私は、1989年に、
NHKスペシャル「過ぎ去らない過去」のために、
西ドイツとポーランド各地で取材した。
先年、関藤氏は惜しくも他界されたが、
本書は、志を同じくした
同氏に読んでもらいたいという思いを込めて、執筆した。

熊谷 徹

ドイツは過去とどう向き合ってきたか

＊――もくじ

はじめに 4

I 政治の場で
1 ベルリン・ホロコースト犠牲者追悼碑 8
2 賠償の出発点・ルクセンブルク合意 12
3 ドイツはいくら賠償金を支払ったのか 16
4 なぜブラント首相は追悼碑の前でひざまずいたのか 20
5 「歴史リスク」とはなにか 24
6 いつから加害責任と向き合うようになったのか 28
7 イスラエル・アラブの双方から信頼されるドイツ 30
8 ドイツ軍の国外派兵が周辺国の反発を招かない理由 32
9 アウシュビッツ生存者の団体を支援する政府 34
10 全国数千カ所に広がる追悼施設 36

II 教育の場で
1 ナチス時代を重視する歴史教科書 40
2 歴史の授業は「暗記」ではなく「討論」が中心 42
3 国際教科書会議の歴史 46
4 東西冷戦下での西ドイツとポーランドの教科書会議 50
5 独仏共同教科書の誕生 54
6 加害責任の追及に積極的なマスコミ 56

III 司法の場で
1 アウシュビッツ裁判がドイツ人に与えた衝撃 60
2 10万人以上の容疑者を捜査したナチス犯罪追及センター 64
3 ヒトラーが命令した障害者安楽死計画 68
4 「個人の罪」を重視するドイツ人の戦争責任観 70
5 時効廃止で、一生追及されるナチスの戦犯 74
6 問われなかった司法の戦争責任 76

7　アウシュビッツ否定は法律違反　78

Ⅳ　民間の取り組み
　1　ドイツの企業はいくら賠償したのか　82
　2　過去の暗部を公表したフォルクスワーゲン社　86
　3　元被害者との交流・支援を行うＮＧＯ「償いの証」　90
　4　「償いの証」にアウシュビッツ生存者が寄せる信頼　94
　5　アウシュビッツに建設された「国際青少年交流の家」　98
　6　アウシュビッツに派遣されたドイツの若者たち　100
　7　元被害者たちとの対話が和解への第一歩　104

Ⅴ　過去との対決・今後の課題
　1　極右勢力の伸張　108
　2　極右による暴力事件の増加　112
　3　不十分だった東ドイツの過去との対決　116
　4　反ユダヤ主義の兆候——燃やされた「アンネの日記」　118
　5　噴き出した「過去との対決」への批判　120
　6　くすぶり続ける「ポーランド追放問題」　122
　7　ドイツ人は「被害」を語ることができるのか　124

あとがき　126

参考資料　128

装丁＝商業デザインセンター・松田　礼一

はじめに

　2006年8月、ドイツのノーベル賞作家ギュンター・グラスが、17歳の時にナチスの武装親衛隊に属していたことを明らかにし、世界中の人々を驚かせた。グラスは、ナチスの過去と対決することを要求するリベラルな行動派知識人としても知られてきた。そうした人物が60年間にわたり、武装SS所属の事実を隠していたことは、ユダヤ人ら元被害者に強いショックを与え、「ドイツの良心」としての名声を打ち砕いた。

　私は1990年からドイツに住み、「なぜドイツ人は過去との対決を今も続けているのか」というテーマを取材の重点の一つにしている。グラスの告白に象徴されるように、ナチスの犯罪は歴史の1エピソードではなく、現代社会に直接影響を及ぼす問題でもあるからだ。特に旧東ドイツで極右勢力を支持する市民が増えていることは、ナチスの問題が今日の社会にも影を落としていることを示している。

　アジア人である私は、ドイツ人の過去との対決への執念に目を見張らされることがある。欧州とアジアを単純に比較できないとはいえ、彼らの執拗さは、欧州に相互信頼関係の回復という果実をもたらしつつある。

　これに対し東アジアには、戦後半世紀以上経っても、「過去」をめぐって、ドイツが周辺諸国と築いてきたような強固な信頼関係はない。むしろ中国の経済力が増大する中、各国でナショナリズムが強まっている印象を受ける。国際関係が行き詰まると、歴史認識をめぐる不満は表面に浮かび上がる。欧州で、各国が主権の一部を国際機関に譲り、「事実上の連邦」へ向けて歩んでいるのとは大きな違いだ。

　欧州が過去2000年間で最も平和な状態を実現できた理由の一つは、ドイツが、半世紀にわたる過去との対決によって、旧被害国の信頼を回復してきたことである。冷戦の時代には、西ドイツも日本と同じく、米国の忠実な同盟国だった。だが米国に依存するだけではなく、東側陣営に属していたポーランドなどの旧被害国と、歴史認識について和解するために独自の努力を地道に続けてきた。日本人にはない、欧州人のしたたかさである。

ドイツ人は道義的な責任感から過去と対決している。同時に彼らは、「歴史が今日の政治、経済活動に悪影響を及ぼすリスク」を減らしてきた。これに対し東アジアでは、終戦から時が経つとともに「歴史リスク」が増大している。私は2005年に靖国神社の博物館「遊就館」を見学して、そのことを強く感じた。日中首脳が歴史認識を棚上げにして、笑顔で握手をするだけでは解決にならない。対症療法だけでは、歴史認識をめぐる不満は再び噴出する。

　本書の目的は、現地にいなくてはわからない、過去との対決のディテールについて、報告することにある。同時に、私が東アジアの歴史認識をめぐる

アウシュビッツ・ビルケナウ絶滅収容所の鉄条網の支柱

状況について、危機感を抱いていることも、執筆の動機の一つだ。欧州では残念なことに、日本について「歴史認識をめぐり頑迷な態度を崩さず、周辺諸国と融和しようとしない国」というイメージが定着しつつある。

　なぜ21世紀の欧州と東アジアの間には、歴史との取り組みをめぐって、これほど大きな違いが生じたのか。どうすれば歴史リスクを減らすことができるのか。本書がこの複雑な問題について、読者の皆様に考えていただくきっかけとなれば、光栄である。

　なおこの本の中では、1989年に西ドイツとポーランドで行った取材の内容も使っているが、時間が経っても「過去との対決」の基本姿勢については変わりがないことをお断りしておく。

熊谷　徹

※為替レートは、1ユーロ＝150円で計算している。
※記事中、撮影・提供者の明示のない写真はすべて著者が撮影した写真。

ドイツ周辺図

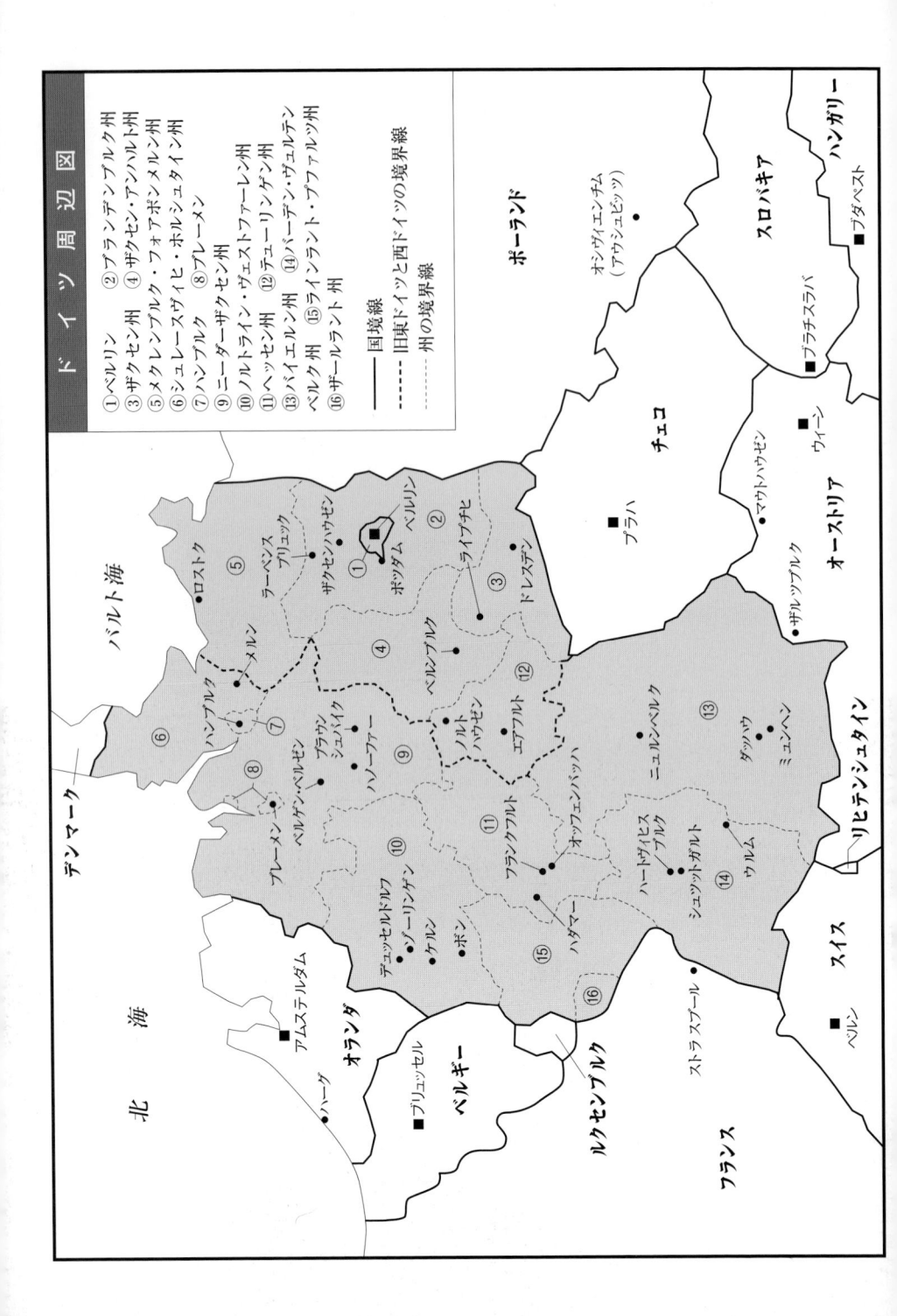

①ベルリン ②ブランデンブルク州
③ザクセン州 ④ザクセン・アンハルト州
⑤メクレンブルク・フォアポメルン州
⑥シュレースヴィヒ・ホルシュタイン州
⑦ハンブルク ⑧ブレーメン
⑨ニーダーザクセン州
⑩ノルトライン・ヴェストファーレン州
⑪ヘッセン州 ⑫チューリンゲン州
⑬バイエルン州 ⑭バーデン・ヴュルテンベルク州
⑮ラインラント・プファルツ州
⑯ザールラント州

―― 国境線
------ 旧東ドイツと西ドイツの境界線
······ 州の境界線

（地図中の地名）
バルト海／北海／デンマーク／オランダ／ベルギー／ルクセンブルク／フランス／スイス／リヒテンシュタイン／オーストリア／チェコ／ポーランド／スロバキア／ハンガリー

ハーグ／アムステルダム／ブリュッセル／ストラスブール／ベルン／ミュンヘン／ダッハウ／ザルツブルク／ウィーン／マウトハウゼン／ブラチスラバ／ブダペスト／オシフィエンチム（アウシュビッツ）／プラハ／ロストク／ラーベンスブリュック／ザクセンハウゼン／ベルリン／ポツダム／ドレスデン／ライプツィヒ／メルン／ハンブルク／ブレーメン／ベルゲン・ベルゼン／ハノーファー／ブラウンシュバイク／ベルブルク／ノルトハウゼン／エアフルト／フランクフルト／デュッセルドルフ／ケルン／ボン／ハナウ／ニュルンベルク／ハードハイス ブルク／シュツットガルト／ウルム

I　政治の場で

ホロコースト犠牲者のための追悼碑（ベルリン）

1 ベルリン・ホロコースト犠牲者追悼碑

　統一ドイツの首都、ベルリン。威圧的なブランデンブルク門は、この都市の象徴である。この門をくぐり抜けて、目抜き通りウンター・デン・リンデンを散策したり、門を背景にして記念写真を撮ったりする観光客の姿が目立つ。近くには、富裕層が好んで泊まる豪華ホテル「アドロン」や各国の大使館もあり、華やいだ雰囲気である。だが、この観光名所から南に向かって5分ほど歩くと、異様な光景が目に飛び込んでくる。

　1万9000平方メートルの敷地を、まるで黒い棺のように見える大きな石の立方体2700個が覆い尽くしているのだ。高さが微妙に違うので、まるで石棺の列が波打っているような印象を与える。人々は黙りこくって、石棺の森の中を歩き回っている。

　この場所は周りの喧騒から切り離されて、ひっそりと静まり返っている。周囲にレストランやホテルが立ち並ぶ地域で、ここだけがすっぽりと地盤沈下を起こし、かわりに地下から黒い墓標の群れが湧き出てきたような、奇妙な印象を与える。沈黙する石板の海のところどころに植えられた樹木が、アクセントを与えている。石板の群れは、季節や天気によって微妙に色を変えるように見える。

　これは、ナチスに殺された600万人のユダヤ人のための追悼モニュメントである。第二次世界大戦の終結から60年目にあたる2005年に、2700万ユーロ（約40億5000万円）の費用と6年の歳月をかけて、ドイツ政府が完成させた。

　5月10日に行われた記念式典では、連邦議会のヴォルフガング・ティアーゼ議長（当時）が、「このモニュメントが完成したということは、過去との対決の終わりを意味するものではありません。ナチスドイツの犯罪の記憶を芸術作品として、世代から世代へ伝えていくためのものです」と述べた。

　設計を担当したのは、アメリカの建築家でユダヤ人のピーター・アイゼンマン氏。彼は「ホロコースト（ユダヤ人虐殺）を芸術として表現することは、ほぼ不可能です。しかし私は、犠牲者を追悼するための新しい方法を試みました。この追悼碑がシンプルすぎると感じる人がいるかもしれません。しか

ベルリン・ブランデンブルク門

し、私は犠牲者の苦しみを考えると、沈黙こそがこのモニュメントにふさわしいと考えたのです」と、作品にこめたメッセージを説明した。

　こうした施設はドイツ語で、Mahnmal（マーンマール）と呼ばれるが、日本語には適切な訳語はない。意味に忠実に訳せば、「過去の犯罪や問題について、現代そして未来の人々に警告するための碑」ということになる。

　このモニュメントについては、「抽象的すぎる」という批判もある。

　ユダヤ人の団体である、ドイツ・ユダヤ人中央評議会のパウル・シュピーゲル会長（当時）は、「芸術作品としての意図は評価できます」としながらも、「この追悼碑は被害者に焦点を絞るあまり、加害者の責任や罪を取り上げていません。私には、ホロコーストを引き起こした犯人たちの動機や責任が十分に追及されていないように思えます」と厳しい評価を下した。確かに表面的に見れば、この石板の列は犠牲者を悼むものであり、加害者としてのドイツ人を声高に批判するものではないように思える。

　だが、このモニュメントには「過去との対決は、まず被害者の声に耳を傾けることから始まる」という主張も込められている。そのことは、地下に設

追悼碑の地下にある資料館の一室。来訪者は犠牲者の声に耳を傾ける。(撮影・井上壮平)

けられた小さな資料館に行けばはっきりする。そこには、12歳で殺されたユディトというユダヤ人の少女の、父親に宛てた手紙が展示されている。

「死ぬ前にお父さんに別れを告げるためにこの手紙を書きます。私はもっと生きたいですが、もうだめです。私たち子どもは、生きたまま溝に投げ込まれて殺されるので、とてもこわい。お父さん、さようなら」。

1942年7月に書かれたこの手紙は、ポーランドでソ連軍の将校が発見し、戦後エルサレムのホロコースト博物館ヤド・バシェムに送られた後、ベルリンに保存されることになった。数え切れないほどの子どもたちが、社会の少数派に属するという理由だけで、青春時代さえ迎えないまま、命を奪われた。この手紙は、そのことをはっきり示している。彼らが味わった恐怖、不安、苦しみに思いをいたすことで、途方もない犯罪を実行した者たちへの怒りがこみ上げてくる。

ドイツ人が過去との対決の中で、被害者の声を重視しているのは正にそのためである。

このモニュメントがあるのは、ナチスが権力を握っていた時代に、悪名高

雪におおわれたホロコースト犠牲者追悼碑。棺か墓標のように見える。

いＳＳ（親衛隊）に属するゲシュタポ（秘密国家警察）の本部や、総統官邸があった場所に近い。つまり、ナチスの権力中枢だった地域である。ドイツの敗戦後は、ベルリンの壁のために無人地帯となっていた。

　つまり、ドイツ国民がナチスという犯罪者の集団を、選挙によって合法的に権力の座につけたために、欧州全体に引き起こした惨禍の根源を、何よりも象徴する場所なのである。

　さらにモニュメントがあるのは、日本でいえば、銀座四丁目か有楽町、永田町に相当する場所だ。首都の最も目立つ場所に、自国の過去の恥部に関するモニュメントを建設したことに、ドイツ政府の歴史認識と過去と対決する姿勢がはっきり示されている。黒い石板の列は、「ナチスの犯罪を忘れず、若い世代に語り継いでいく」というドイツ人の決意表明だ。

　被害者の信頼を得るには、自国が犯した過ちを隠さずに、はっきりと記録していることを示すのがきわめて重要である。そのことを理解しているドイツ政府は、首都の一等地に「肉に刺さった棘（とげ）」のようなモニュメントを、あえて建設したのである。

2 賠償の出発点・ルクセンブルク合意

　アドルフ・ヒトラーは、1920年代に書いた『我が闘争』の中で、すでにユダヤ人への敵意をむき出しにしていた。ナチス第三帝国の人種政策によって、最も大きな被害を受けたのはユダヤ人である。1939年の時点で、ドイツ、ソ連、ポーランドなど20カ国に、830万人のユダヤ人が住んでいたが、そのうち72％に相当する約600万人が殺害されている。

　現在、この600万人という数字については、加害者だったドイツ側と被害者であるユダヤ人との間で、一種のコンセンサスが出来上がっており、日本と中国の間に見られるような、死者数の違いに関する議論はない。

　しかもアウシュビッツやトレブリンカなどに、工場のような殺人施設を作って、流れ作業で市民を大量に虐殺するという悪質な手法は歴史上にも例がなく、「ホロコーストに比べられる犯罪は、ナチスの前にも後にもない」という点で、ドイツ側とユダヤ側の間の理解は一致している。

　しかし、1949年に建国された直後の西ドイツは、まだ今日ほどユダヤ人ら被害者に対して十分な配慮を行っていなかった。初代首相のコンラート・アデナウアーは、1949年9月の所信表明演説の中で、ドイツ人の犠牲者への援助には触れたものの、ユダヤ人への賠償には言及していない。このため、野党ＳＰＤ（社会民主党）のクルト・シューマッハー党首やドイツ・ユダヤ人中央評議会などから、「ユダヤ人迫害についての反省が足りない」という批判の声が上がった。

　こうした批判を受けて、2年後の1951年9月の演説で、アデナウアーは初めて、ユダヤ人に対する謝罪の姿勢を示した。だが、そこでは今日普通に使われる民族虐殺（Völkermord）という言葉は使用されておらず、むしろドイツ人のナチスに対する抵抗運動を過大評価する姿勢が見られる（次の引用の傍線部分）。

　「ドイツ連邦政府と国民の大多数は、ドイツがナチスに支配されていた時代に、ユダヤ人に与えたはかり知れない苦痛を意識している。ドイツ人の大半は、ユダヤ人に対して行われた犯罪について憤り、加担しなかった。ナチス

Ⅰ 政治の場で

西ドイツ初代首相コンラート・アデナウアー（写真提供／毎日新聞社）

の時代にも、宗教的な理由や良心の呵責、また恥の気持ちから、ユダヤ人を助けたドイツ人はいた。だが、ドイツの名の下に途方もない犯罪が行われたことは事実である。このため我々はユダヤ人が受けた被害、失った財産について、道徳的、物質的な賠償の義務を負う。ドイツ政府は、賠償関連法を一刻も早く制定し、施行するよう努力する」。

　戦争中ナチスに批判的だったアデナウアーですら、当初ドイツ人の責任を軽減しようとしていたことは、彼らがドイツの名の下に行われた蛮行を、自国民の行為と認めることに、いかに強い抵抗感を抱いていたかが表われている。ドイツの「過去との対決」は、敗戦直後から現在の水準に達していたのではなく、60年の長い歳月をかけて深化してきたのである。

　1952年9月10日、アデナウアー首相、イスラエルのモシェ・シャレット外務大臣、「ドイツに対するユダヤ人賠償請求会議」のナフム・ゴルトマン議長は、ユダヤ人への最初の賠償に関する「ルクセンブルク合意書」に調印した。

　この合意に基づいて、西ドイツ政府は12年間にわたり、ホロコーストの生存者50万人が住んでいたイスラエルに、物資と資金の供与という形で、合わせて30億マルク相当を支払った。さらに、イスラエル国外に住む被害者の利益を代表する「ユダヤ人賠償請求会議」に対して、4億5000万マルクを支払っ

た。1950年代当時、34.5億マルクは莫大な金額だった。

この賠償は両国で激しい論議を呼ぶ。イスラエルの右派政治家たちは、「金で何百万人のユダヤ人虐殺を償うことはできない。血にまみれた金を受け取るな」として、ルクセンブルク合意を受け入れたベングリオン政権を厳しく批判した。

1952年には、イスラエルのテロ組織のメンバーが、アデナウアーに小包爆弾を送ろうとして、ミュンヘンの警察署で中身を点検しようとしたドイツ人警察官が死亡するという事件が起きている。殺人容疑で逮捕されたイスラエル人は、回想録の中で、「アデナウアーを狙ったテロは、後にイスラエルの首相になったメナハム・ベギンの指示で行った」と告白している。

また、当時西ドイツで行われた世論調査によると、イスラエルへの賠償金支払いを前向きに評価したのは回答者の11％にすぎず、68％は「賠償金額が多すぎる」などとして批判的な姿勢をとっていた。

だが、欧州からの多数の移住者を抱えた上に、1948年に建国したばかりで、周辺のアラブ諸国との戦争で疲弊していたイスラエル政府にとって、ドイツからの経済援助は貴重だった。

これとは別にドイツ政府は、1961年からイスラエルに対して毎年秘密裏に資金供与を行ったほか、1962年からは軍事物資の提供も行い始めた（ルートヴィヒ・エアハルト政権は、アメリカの要請を受けて、イスラエルに戦車まで供与している）。

両国が、1965年に外交関係を樹立した背景には、ドイツ側の賠償努力があったのだ。

ルクセンブルク合意は、ソ連に占領されていた東欧、中欧に住んでいたホロコースト生存者への賠償、略奪されたユダヤ人の財産の賠償、強制労働被害者への賠償などをカバーしておらず、不十分な面もあった。しかし西ドイツとイスラエルの友好関係への道を開いたという意味では、重要な一歩だったと言うことができる。

ドイツがまず賠償の対象としたのはイスラエルだった。(エルサレム・嘆きの壁)

3 ドイツはいくら賠償金を支払ったのか

　ルクセンブルク合意は、ドイツの賠償行為の氷山の一角にすぎない。ドイツ政府は、1956年6月29日に「ナチスに迫害された被害者の賠償に関する連邦法」を制定した。連邦賠償法とも呼ばれるこの法律は、ナチス犯罪賠償制度の根幹である。

　具体的には、ナチス政権下で、民族、宗教、国籍、政治的信条などを理由に、健康被害、自由の制限、拘束、経済的もしくは職業上の不利益、財産権の侵害などの被害を受けた人々に賠償金を支払う。この法律の特徴は被害者の対象を広くしていることだ。たとえば、ナチスによって創作活動を妨害された芸術家や、ユダヤ人と親しかったために迫害された人々にまで賠償請求権を認めている。

　連邦財務省によると、1987年までの31年間に、被害者がこの法律に基づいて行った賠償請求は438万4138件にのぼる。支払いを受けた被害者の40％がイスラエル、20％がドイツに住んでいた。2002年末までに、430億7900万ユーロ（約6兆5685億円）が支払われた。

　ナチスはユダヤ人の不動産や商店、美術品などを没収したが、西ドイツ政府は1957年制定の連邦返還法に基づき、返還もしくは賠償を行ってきた。1987年までに、73万5076件の財産返還・賠償請求が行われている。

　また、ナチスによって差別を受けた市民の権利と名誉を回復する法律も施行された。ユダヤ人だったために非人道的な扱いを受けた捕虜、祖先にユダヤ人がいたという理由で迫害された人々も損害賠償を受けた。

　さらに、ドイツ連邦議会は1996年に、ドイツ系ユダヤ人で、ルーマニアなど中東欧地域からアメリカとイスラエルに移住していた3万5000人のホロコースト生存者に対しても、年金を支払うことを決めた。

　ドイツの賠償制度の特徴は、支払い対象が徐々に拡大されてきたということである。たとえば1979年にドイツ連邦議会は、強制収容所に入れられて健康を害したが、賠償の請求期限を守ることができなかったり、居住地域の制限などのために支払いを受けられなかったりしたユダヤ人にも、損害賠償を

ドイツ連邦議会議事堂（ベルリン）

行うことを決めた。人体実験や強制断種の被害者、収容所に入れられた同性愛者やシンティ、ロマ（注1）、ナチスの人民裁判所（注2）から不当な判決を受けた人々も、賠償金を受け取っている。

　以上述べてきたような包括的な損害賠償とは別に、西ドイツ政府は、1959年から今日までに、欧州の15カ国およびアメリカとの間に二国間協定を結び、連邦賠償法の対象とならなかった被害者に対しても賠償を行ってきた。ナチスによる被害を受けたのは、ユダヤ人だけではないからである。

　たとえばドイツ軍、特に武装親衛隊は、欧州の占領地域で、パルチザン（注3）の攻撃に対する報復として、しばしば住民を虐殺したり、村を破壊したりしている。二国間協定に基づく賠償総額は14億6000万ユーロ（約2190億円）に達する。

　さらに冷戦が終わった1990年代には、ドイツ政府が主導する形で、企業とともに基金を設立し、戦争中にドイツ企業のために強制労働をさせられた被害者らに対して、賠償金の支払いを始めた（この基金については、第Ⅳ章の「民間の取り組み」で詳しくお伝えする）。

ラーベンスブリュック強制収容所で労働をさせられる被害者たち。

　ドイツ連邦政府が2003年にまとめた資料によると、1952年のルクセンブルク合意から50年間にドイツ政府が支払った賠償の総額は、604億4600万ユーロ（約9兆669億円）。貨幣価値の変化を考慮すると、10兆円を超える金額だ。2002年だけでも、9億8000万ユーロ（約1470億円）が支払われている。
　2003年11月の時点で連邦財務省は、「ナチスの犯罪に関する賠償金の支払いは、被害者が生きている限り続く」としており、今後も少なくとも数十億ユーロの賠償金を支払うと予想している。
　ドイツ政府が敗戦から60年以上経った今も、経済成長で得た国富、勤労者が納めた税金の一部を賠償に回し続けているという姿勢は、注目に値する。
　ただし、ユダヤ人やシンティ、ロマなどの被害者たちが強制収容所で味わった恐怖や苦しみ、親族を殺された悲しみは、決して金で償えるものではない。ホロコーストを生き延びて、イスラエルに移住したユダヤ人の中には、今もドイツ人とは絶対に話したくないという人がいる。私はあるイスラエル人から、「今も大部分のドイツ人を人間とは思っていない」という、ぞっとさせるような本音を聞いたことがある。60年の歳月が過ぎても、憎しみを和らげる

Ⅰ 政治の場で

1952年から2002年末までに支払われた賠償金

項　目	金額（単位・ユーロ）
連邦賠償法	430億7900万
連邦返還法	20億2200万
賠償年金法	6億4800万
ナチスによる迫害の賠償法	8億3800万
ルクセンブルク合意	17億6400万
二国間協定	14億6000万
その他の賠償（公務員など）	45億8600万
ドイツ州政府による賠償	14億2000万
その他の賠償	20億7300万
政府と企業の賠償基金	25億5600万
総　額	604億4600万

（資料・ドイツ連邦財務省）

のは容易なことではないのだ。

　ドイツ政府は、金による償いが不可能であることは認めながらも、迫害のために健康を損なったり、トラウマ（精神的な傷）に苦しんだりしている人に対して、経済的な支援を通じて謝罪し、生活の負担を少しでも軽くしようとしているのだ。

　したがって、ドイツ政府も金銭による賠償についてはあまり対外的に強調しない。むしろこの国が過去と対決し、被害者たちからの信頼を回復しようとする中で重視しているのは、政治家の態度、教育、司法など、非金銭的な面であるように思われる。

注１：シンティ、ロマ＝欧州で「ジプシー」という蔑称を与えられて、中世以来差別されてきた流浪の民。今日でもフランスやルーマニアなどに多いが、一カ所に定住しないのが特徴。
注２：人民裁判所（Volksgerichtshof）＝ナチスが、政府に批判的な市民などを罰するために、特別にベルリンに設置した裁判所。裁判所とは名ばかりで、反体制派に属する国民らを公の場で愚弄して、死刑台や刑務所に送ることが目的だった。
注３：パルチザン＝正規軍が降伏、または崩壊した後も、ナチスに対して武器を取って戦った抵抗組織。フランス、ポーランド、チェコ、ソ連など各国に、似たような地下組織があり、線路の爆破や将校の暗殺などによって、ドイツ軍を悩ませた。

4 なぜブラント首相は追悼碑の前でひざまずいたのか

　ドイツの東隣にあるポーランドは、戦争で最も大きな被害を受けた国の一つである。ナチスは1939年のポーランド侵攻で、第二次世界大戦の火蓋を切り、ソ連とともに同国を東西に分割し、地図の上から消した。

　当時のポーランド国民3600万人のうち、約17％にあたる600万人が死亡し、ユダヤ人の85％が殺害されている。知識階級、富裕層に属するポーランド人は強制収容所に送られた。

　一方、1945年に米英ソの連合国が、ヤルタ会談、ポツダム会談でポーランドの西部国境をオーデル・ナイセ川に変更することを決定し、ドイツ帝国の一部だったシレジア地方はポーランド領となった。この結果多数のドイツ市民が、住み慣れた土地から追放されて、財産を失ったり、逃避行の途中で死亡したりした（122ページ参照）。

　このため、戦後も両国の市民の間では、憎しみの感情が強かったが、1969年に西ドイツ首相に就任したヴィリー・ブラントは、東欧諸国との間で緊張緩和をめざす「東方政策」を実行に移した。西ドイツは1970年にポーランドとの間でワルシャワ条約に調印し、戦争を放棄することと国境線に変更を加えないことを確認した。

　1970年にブラント首相は、ワルシャワ・ゲットーの記念碑を訪れた。この場所はポーランドの歴史の中で、特別な意味を持っている。1944年にワルシャワのユダヤ人とポーランド人は、ナチスに対して武装蜂起を行ったが鎮圧された。ワルシャワはドイツ軍の報復でほぼ完全に破壊された。この記念碑は、犠牲となった市民を追悼するために作られたものである。ブラント首相は記念碑に献花した後、突然ひざまずいた。西ドイツの首相がユダヤ人を追悼する碑の前で膝を折った映像は全世界をかけめぐり、謝罪の気持ちを全身で表現する「新しいドイツ人」の姿を、被害者に対して印象づけた。

　私は1989年6月6日に、ボンの執務室でブラント元首相に過去との対決の意味についてインタビューした。彼の言葉には、歴史を心に刻むことを国是とするドイツ政府の態度がはっきりと表われている。

ワルシャワ・ゲットーの碑の前でひざまずくブラント首相（写真提供／共同通信社）

＊

熊谷：碑の前でひざまずいた時に、何を考えていましたか。

ブラント：私は最初からひざまずこうと予定していたわけではありません。記念碑に向かう時に、「単に花輪を捧げるだけでは形式的すぎる。何か他に良

い表現方法はないものか」と考えをめぐらせていました。
　そして碑の前に立った時に、こう思いました。
　〈私は、ドイツ人が何百万人ものユダヤ人、ポーランド人を殺した惨劇に、直接は加わらなかった。しかし惨劇を引き起こしたドイツ人のために、自分も責任の一端を負うべきだ〉
　私はこの気持ちを、ひざまずくことで表現したのです。

熊谷：「過去」と対決することはなぜ重要なのですか。
ブラント：２つの理由があります。
　第１の理由は、ナチス時代の恐るべき暴力支配について、「なぜこのようなことが起きたのか」「悲惨な事態が将来繰り返されるのを防ぐにはどうすれば良いのか」を、若い人々に説明することです。若者たちは、歴史と無関係ではありません。彼らも歴史の大きな流れの中に生きているのです。従って、過去に起きたことが気分を重くするようなものであっても、それを伝えることは重要なのです。
　第２の理由は、ドイツが周辺諸国に大きな被害をもたらしたことです。従って、今後のドイツの政策が国益だけでなく、道徳をも重視することをはっきり示す必要があったのです。これは人間関係についても言えることですが、自分のことばかり考えずに、他の国のことも考えるという姿勢を、周辺諸国に対して示していくということです。

熊谷：過去と対決する努力は永遠に続くのですか。
ブラント：私は自国の歴史について、批判的に取り組めば取り組むほど、周辺諸国との間に深い信頼関係を築くことができると思います。たとえばドイツとフランスの関係は、対立と戦争の歴史でした。しかし今や両国の関係は、若者たちが「ドイツとフランスの間で戦争があったなんて信じられない」と考えるほどの状態に達しています。
　同時に私は、過去の重荷を必要以上に若い世代に背負わせることには反対です。ドイツは、悪人に政治を任せた場合に、悲惨な事態が起きることを心に刻む作業については、かなりの成果をあげていると思います。私自身、周

ブラント首相の過去に対する姿勢は、今日のドイツ政府にも引き継がれている。
（ベルリン・連邦首相府）

辺諸国の人々が我々に対して、過去について余りにも批判的な態度を取る場合にはこう言います。

「我々の過去を批判的にしか捉えないという態度は、いつかはやめてください」。

熊谷：過去の問題に無関心な若者にはどう対処するべきでしょうか。
ブラント：若者たちが過去のことについて無関心になるのは当然のことです。彼らが、前の世代の犯罪について、重荷を背負わされることを拒否するのは、ごく自然なことです。若者たちには、父親や祖父がしたことについて責任はありません。しかし彼らは同時に、自国の歴史の流れから外へ出ることはできないということも知るべきです。そして若者は、ドイツの歴史の美しい部分だけでなく、暗い部分についても勉強しなくてはならないのです。

それは、他の国の人々が、我々ドイツ人を厳しく見る理由を知るためです。そしてドイツ人は、過去の問題から目をそむけるのではなく、たとえ不快で困難なものであっても、歴史を自分自身につきつけていかなくてはならないのです。

5 「歴史リスク」とはなにか

　第二次世界大戦で、ナチスがユダヤ人や周辺諸国に大きな被害を与えたことで、ドイツ人たちは大きな負の遺産を受け継いだ。歴史上、虐殺事件は数え切れないほど起きている。だが、ナチスが行ったような民族虐殺は他に例がない。

　親衛隊は、アウシュビッツやトレブリンカ、マイダネクなどの絶滅収容所（注1）を作り、欧州各地から、綿密な輸送計画に基づいて、列車でユダヤ人やシンティ、ロマらを収容所に運び込んだ。

　そして、まるで流れ作業でも行うかのように、工場のようなガス室に何百万人もの市民を追い込んで殺害した。人々の反抗を最小限に抑えるために、移送の際には「東部地域での労働作業」と説明し、ガス室に追い込む時にも、「今からシャワーを浴びてもらう」と嘘をつき続けた。これほど悪質で規模の大きな犯罪は他に例がない。

　複雑なプロジェクトを企画し、効率的に実行できるというのは、ドイツ人の国民性の一つである。ナチスはその国民性を悪用したのである。民族虐殺を「工業化」「プロジェクト化」したという意味で、ナチスの犯罪はきわめて特異なものである。

　しかも、選挙という合法的な手段によって、ナチスという犯罪者集団を政権につけたのは、まぎれもなくドイツ国民だった。彼らは、ヒトラーが『我が闘争』に記したような、狂った人種イデオロギーからは目をそむけた。そして国民はドイツを経済困難から救い出し、失業者を減らし、ベルサイユ条約（注2）の屈辱から解き放つ希望の星として、ナチスに票を投じたのだ。巧みな宣伝によって、幻惑されていたとはいえ、ナチスに心酔したドイツ国民にも、欧州で起きた惨劇について、責任の一端があることは否定できない。

　このため、戦後のドイツ人たちは、かつての被害者たちから、ナチスが犯した大罪について、責任を追及され、批判されるというリスク（危険）を抱え込んだのである。

　もちろんドイツ政府が謝罪や賠償を行ってきた最大の理由は、道義心に基

ドイツ人は過去を放置することのリスクを強く認識している。
（アウシュビッツ強制収容所の有刺鉄線）

づき、生存者の経済状態を改善し、遺族の悲しみを少しでも和らげることだ。だが同時にドイツ人は、過去との対決によって、歴史問題がもたらすリスクを減らす努力を行ってきたのである。

　もちろん、自分たちよりも前の世代の戦争犯罪について学んだり、被害者に対して謝ったりすることは、愉快なことではない。できれば忘れてしまいたいというのが人情だろう。自国の歴史の明るい部分だけを学んでいれば気は楽である。しかし犯罪について目をそむけ、被害者の声に耳を傾けることを怠ると、後にしっぺ返しを受けることがある。

　戦争中に被害を与えた国から、歴史認識について批判されて、外交関係、経済関係に悪影響が及び、国益が損なわれることがある。これを私は「歴史リスク」と名づけている。

　たとえば、敗戦から60年以上経った今も、日本が中国や韓国との間で歴史認識をめぐるトラブルを抱えていることは、過去が今日の政治、外交関係に悪影響を及ぼした例である。

　2005年4月には、北京や上海など中国各地で、大規模な反日デモが発生し、在留邦人や日本企業に強い不安を与えた。警官が市民の領事館への投石を制止しなかったことや、当初中国政府が謝罪しなかったことから、デモの背景

に、市民の不満が反政府暴動につながらないように、反日デモを通じてガス抜きをするという意図があった可能性は高い。

ただし、戦後日本がとってきた態度にも問題があったことは確かだ。歴史認識が摩擦をもたらすリスクが、刻一刻と高まっていたのに、適切に対処しなかったため、周辺諸国との関係が悪化し、国益が損なわれている。

たとえば、靖国問題が原因となって、日中首脳が、2000年から6年間にわたり、お互いの国を訪問しなかったのは、両国が国際経済や政治の場で持つ重要性を考えれば、異常な事態である。

国連の安全保障理事会で常任理事国となるという日本政府の夢も、中国などに強く反対されて、あっけなく破れた。これも歴史認識が国益を損なった例である。日本の経済界も日中関係の悪化に懸念を強めている。

歴史認識の問題は、感情によって大きく左右される。このため、いくら過去との対決を真摯に行っても、被害者から批判される可能性をゼロにはできない。それでも、戦後60年間にわたり、日本が過去と積極的に対決していたら、「我々はこれだけ努力してきた」と言って具体的な証拠を示して、反論することができる。外交の世界では、論理的に反駁できない者は敗者なのだ。

ドイツと日本の「過去との対決」を、単純に比較することはできない。両国が置かれた地政学的な状況や、戦争中の支配体制、残虐行為の内容や規模が大きく異なるからである。それでも、敗戦から60年経って、ドイツと日本が周辺国とどのような関係を持っているかを比べることは可能だ。

ドイツが歴史リスクを減らすための努力を行ってきた結果、周辺国からの批判を論理的に跳ね返すための、堅固な鎧をまとっているとすれば、日本は丸裸の状態ではないだろうか。

中国の改革・開放政策を支持し、同国との友好関係の基盤を固めることは、東アジアの安定を高める上で重要な課題だ。中国が民主化を進め、国際的なルールを守り、言論の自由などの価値を共有する国となるよう働きかけることは、日本にとって戦略的に重要な目標である。

この目標を達成するには、日中首脳が定期的に対話することが不可欠である。もちろん、私はすべての問題について、中国の言いなりになるべきだと主張しているわけではない。日本が、中国にとって耳の痛いことでもアドバ

虐殺されたユダヤ人らの義足（アウシュビッツ収容所跡にて）

イスできるような関係を作り上げるには、首脳の定期的な会談が不可欠である。そう考えると、「靖国参拝はあくまで心の問題」と主張し、他国の感情に配慮しなかった小泉純一郎氏の態度は、日本の国益にとってプラスになったと言えるだろうか。

　2006年に首相に就任した安倍晋三氏は、さっそく中国と首脳会談を行い、軌道修正を行った。しかし、肝心の歴史問題については、「くさいものにフタ」の態度を取っている。歴史認識について、正面から議論し、両国が受け入れられる合意点を見出さなければ、今後も歴史リスクは膨張するばかりだ。両国の関係が緊張するたびに、歴史リスクは地殻を突き破り、政治・経済の分野に大きな影を落とすだろう。

注1：強制収容所・絶滅収容所＝ナチスは、ユダヤ人や反体制派の市民らを収容し、奴隷労働を行わせた強制収容所（Konzentrationslager）とは別に、ユダヤ人の抹殺を目的とした絶滅収容所（Vernichtungslager）という施設を作っていた。
注2：第一次世界大戦に敗れたドイツは、1919年のベルサイユ条約によって、アルザス・ロレーヌ地方などの領土を失い、軍備を禁止された上、42年間にわたりフランスなどに多額の賠償金を支払うことを命じられた。

6 いつから加害責任と向き合うようになったのか

　先にも述べたように、ドイツ人も、敗戦直後から、今ほど積極的に過去と対決してきたわけではない。過去との対決は60年という長い歳月の間に深まり、社会に拡大していった。その過程は大きく分けて次の３つの時期に分類できる。
　（１）過去との対決が行われなかった時期（1945年〜1960年代初め）
　（２）体制批判としての過去との対決（1960年代初め〜1970年代半ば）
　（３）被害者に焦点を当てた過去との対決（1970年代半ば〜現在）
　終戦直後のドイツには過去と対決する余裕はなかった。アウシュビッツでの迫害の被害者を支援するＮＧＯ「国際アウシュビッツ委員会」のクリストフ・ホイプナー副委員長は、少年時代を思い出して語る。
　「ドイツには国民慰霊の日（Volkstrauertag）という記念日があります。私が少年だった1950年代には、その唯一の目的は、ドイツ人戦没者を追悼することでした。当時、ドイツ人たちは自分たちの運命を憐れむことで頭がいっぱいで、虐殺されたユダヤ人らを追悼するゆとりはなかったのです」。
　ホイプナー氏の父親は、戦争については語ったものの、人口3000人の村に住んでいたユダヤ人の６人家族が、アウシュビッツで殺されたことは全く教えてくれなかった。
　過去との対決が本格的に始まったのは、1963年に、アウシュビッツの看守らを被告とする裁判がフランクフルトで開かれた時だ。この裁判を通じて、強制収容所の実態が社会に広く知れ渡った（60ページ参照）。
　さらに1968年前後にドイツなど欧州諸国で燃え広がった"若者の反乱"が、過去との対決に果たした役割も大きい。この学園紛争の際に、ナチス時代の影を引きずっていた政治家らが、若者たちによって厳しく追及された。
　たとえば、クルト・ゲオルグ・キージンガー首相（当時）は、1930年代にＮＳＤＡＰ（国家社会主義ドイツ労働者党＝ナチス党）に加盟し、リッベントロップ外相が率いる帝国外務省でプロパガンダを担当していたことについて、学生たちから批判された。

ドイツの過去との対決は、時代とともに変遷してきた。（ベルゲン・ベルゼン強制収容所跡）

　多くの家庭で、子どもたちが父親や祖父に対して、ナチス時代に何をしていたかを問いただすようになった。日本の学園紛争では、ベトナム反戦運動と連動して、既成の大学や教育のあり方は鋭く追及されたものの、過去との対決はテーマとならなかった。

　しかし、当時の西ドイツでの過去との対決は、主に体制批判として行われたものであり、被害者には焦点が当てられていなかった。被害者が大きな比重を占めるようになるのは、1979年に米国のテレビ映画「ホロコースト」がドイツで放映されてからである。

　さらに1980年代の中頃からは、ベルリン中心部のゲシュタポ本部跡で常設展「テロルの地誌」が始まったり、全国の大都市で「国防軍の犯罪」展が開かれたりするなど、「加害者」に照準を合わせた過去との対決が行われるようになってきた。つまり過去との対決は、時とともに進化するプロセスなのである。

7　イスラエル・アラブの双方から信頼されるドイツ

　アウシュビッツ強制収容所がソ連軍によって解放されてから、60年目の2005年1月25日。ベルリンで行われた犠牲者の追悼式典で、当時のシュレーダー首相はこう語った。

　「私は殺害された人々、そして収容所を生き延びた人々の前で恥の感情を持ちます。（中略）ドイツ人には、ナチズムとホロコーストの歴史を常に思い起こし、反ユダヤ主義と極右勢力に対抗する義務があります。今日ドイツに生きている市民の大部分は、ユダヤ人虐殺に直接の罪はありませんが、特別の責任を負っています」。

　この言葉に表われているように、ドイツでは、今の世代には直接の罪はないとしながらも、ナチスの犯罪を記憶し、被害者に対して謝罪し続けるべきだと考える人々が、社会の主流派となっている。連邦政府の首相、大統領、外務大臣らにとって、アウシュビッツ強制収容所跡や、エルサレムにあるホロコースト博物館（ヤド・ヴァシェム）を訪れて、犠牲者に追悼の意を表したり、謝罪の言葉を述べたりすることは常識となっている。

　ドイツ政府は、過去との対決を半世紀近く続けることによって、イスラエル政府やユダヤ人団体から、一定の信頼を得ることに成功した。シュレーダー政権で外務大臣だったヨーゼフ・フィッシャー氏は、「ドイツはイスラエルにとって、米国の次に重要なパートナーとなりました」と述べたが、イスラエル側もこうした見方に同意している。

　特に左派政党・緑の党の幹部だったフィッシャー氏は、過去との対決を重視する世代に属してきたことから、イスラエルとパレスチナの紛争の調停役として、米国以上に両者から信頼された。

　一方、ドイツは伝統的に貿易などを通じて、アラブ諸国との結びつきも深い。このため彼は外相として、何度もイスラエルとパレスチナ自治区を訪れ、インティファーダ（パレスチナ人の武装蜂起）のエスカレートを防ぐ上で重要な役割を果たした。

　この外交姿勢が大きな成果を生んだのが、2004年1月にケルン・ボン空港

エルサレムにあるホロコースト博物館（ヤド・ヴァシェム）

で行われた捕虜交換である。ドイツ政府の仲介で、レバノンの民兵組織ヒズボラは、拘束していたイスラエル人のビジネスマンおよびイスラエル兵3人の遺体をイスラエルに返還した。引き換えに、イスラエルは捕虜やテロ容疑者29人をヒズボラに引き渡した。両者は直接交渉しないので、ドイツの仲介がなければ、この人道的措置は不可能だった。捕虜交換は、ドイツがイスラエルとアラブ側からいかに深く信頼を受けているかを浮き彫りにした。

　2006年のレバノン紛争では、イスラエルのオルマート首相がドイツに「レバノン南部で平和維持軍に参加してほしい」と要請した。ドイツでは、イスラエルが停戦協定を破った場合、ユダヤ人に銃を向けたくないとして、平和維持軍への参加に消極的な声が強かった。

　実際、ドイツ軍の参加は海上警備に限られたが、イスラエルがドイツに戦闘部隊の派遣を要請したことは、少なくとも政府レベルでは、同国がドイツ政府に強い信頼感を持っていることを、はっきり示している。

8 ドイツ軍の国外派兵が周辺国の反発を招かない理由

　ドイツ政府は、たとえ国連などの要請があっても、「ナチスの過去」を理由に連邦軍の派遣に慎重になる場合がある。典型的な例は、1991年から4年間にわたり、ボスニア・ヘルツェゴヴィナなど、旧ユーゴ諸国で吹き荒れた戦争をめぐり、当時のコール首相が示した態度である。

　停戦後、セルビア系市民とモスレム系市民の間で戦闘が再開されるのを防ぎ、インフラを再建するために、欧州諸国は平和維持軍を送ることになった。だが当時のコール首相は、ナチスが第二次世界大戦中にユーゴスラビアで行った残虐行為を理由に、旧ユーゴへの派兵に当初反対したのである。1930年生まれのコール氏は、兄を前線で失うなど、戦争の惨禍を肌身で体験している。だが、後に彼も意見を変えて、3000人の兵士の派遣に踏み切り、平和維持に重要な役割を果たした。

　ドイツ政府の国連大使を務めたグンター・プロイガー氏は、こう説明する。「欧州には、ドイツほど多くの国と隣接している国はありません。周辺諸国の大半がナチスによる被害を受けました。しかしナチスの問題と批判的に取り組んだために、我々はかつての敵国との間で信頼関係を築くことができました」

　国外派兵が、周辺諸国との間に摩擦を引き起こさない背景には、戦後ドイツの過去との対決があるというのだ。

　さらにドイツが独り歩きを避け、ＮＡＴＯ（北大西洋条約機構）や国連など、国際機関が定めた枠組みの中で他国とともに行動していることも重要である。彼らは、国外派兵が憲法に違反していないかどうか、徹底的に議論する。米国や欧州諸国から軍事貢献を求められても、直ちに同意するのではなく、まず国内法に照らして検討する。

　たとえば、ドイツ人は旧ユーゴでの内戦で、ドイツ軍兵士がアドリア海での哨戒活動に参加したり、ＮＡＴＯの空中警戒管制機に搭乗して、ボスニア上空の警戒活動を行ったりすることが合憲かどうかについて、慎重に検討した。

　彼らはまず議会で激しく議論し、最後は連邦憲法裁判所の判断を仰いだ。裁判所は1994年に「ドイツ政府が、ＮＡＴＯ域外に平和維持活動のために派

国外派兵が周囲からの反発を招かない背景には、戦後西ドイツ政府の「過去との対決」がある。ドイツ連邦軍の演習風景

兵することは合憲」という判決を下し、一種のお墨付きを与えた。この判決によって、ＮＡＴＯ域外派兵が初めて可能になったのである。1999年にドイツ軍がコソボ戦争で、ＮＡＴＯのセルビア攻撃に加わった際にも、事前に連邦議会で激しい議論が行われた。

　こうしたドイツのやり方は、2003年に、日本政府が国民を巻き込んだ本格的な憲法論議を行わないまま、自衛隊をイラクに派兵したこととは対照的である。政府が、専守防衛を旨としている軍隊を、同盟国の要請に基づいて紛争地域に派遣しようとしたら、ドイツ人は、「憲法を形骸化するものだ」として激しく反発するだろう。

　ドイツ人は、欧州でも遵法意識が特に高い民族である。彼らはナチス時代の失敗から、超法規的な措置によって、憲法の理念がなし崩しにされていくことに敏感である。従って彼らは、安全保障をめぐる問題については、憲法論議を尽くそうとする。こうした生真面目な態度が、かつて被害を受けた国々にとっては、安心感の源となっている。

9 アウシュビッツ生存者の団体を支援する政府

　ベルリンの中心部。各国大使館が立ち並ぶティアガルテン地区の一角に、「ベンドラー・ブロック」と呼ばれる重厚な建物がある。このビルには、第二次世界大戦中にドイツ陸軍司令部があった。ここで働いていたグラーフ・フォン・シュタウフェンベルク大佐は、1944年7月20日にヒトラーを爆弾で暗殺するクーデター計画を実行した。しかし暗殺計画は失敗し、シュタウフェンベルクら首謀者たちは、この建物の中庭で射殺された。

　ベンドラー・ブロックには、抵抗運動に関する記録を集めた「ドイツの抵抗」記念館、そして国際アウシュビッツ委員会（ＩＡＫ）の事務局が置かれている。

　ＩＡＫは、アウシュビッツ・ビルケナウ強制収容所の生存者たちによって、1952年に結成された。その目的は、「アウシュビッツを二度と繰り返すな」をモットーに、全世界の人々、特に若者に自分たちの体験を語り継ぎ、ファシズムの危険について警鐘を鳴らすことだ。ＩＡＫには、イスラエル、米国、ロシアなど19カ国に住む生存者たちが加盟している。

　ＩＡＫの活動をより効率的に行うために、元収容者たちは2003年にベルリンに事務局を開いた。長年にわたり、ＮＧＯで過去との対決に携わってきた詩人、クリストフ・ホイプナー氏がドイツ政府と交渉した結果、連邦内務省がＩＡＫを支援することが決まった。2004年からＩＡＫの予算は100％、ドイツ政府によってまかなわれている。

　ＩＡＫは2005年にベルリンで、当時のシュレーダー首相らを招いて、アウシュビッツ解放60周年の記念式典を催した。またニューヨークの国連本部で、アウシュビッツの惨禍を若者に伝える努力に関する展示会を初めて開催した。展示会には、当時のアナン国連事務総長も訪れた。ＩＡＫの活動はドイツ政府の後押しを得て、一段と活発化したのである。

　第三帝国の首都だったベルリンは、ナチスがユダヤ人虐殺計画を練り、欧州全土への侵略を開始した、忌まわしい記憶を持つ町でもある。その場所に、アウシュビッツの生存者の団体が事務局を置くのは、一見大胆な試みに思え

国際アウシュビッツ委員会のクリストフ・ホイプナー副委員長

る。しかしこれは、かつての被害者たちが、ドイツ人の戦後60年間の過去との対決に、信頼感を寄せている証拠でもある。

　IAKの副委員長を務めるホイプナー氏は、「IAKがベルリンに事務局を置くことを決めた理由は、ドイツ人がアウシュビッツで虐殺を行ったから、金を出させようというものではありません。ドイツには極右や反ユダヤ主義に対抗する運動が数多くあります。このためアウシュビッツの生存者たちは、ベルリンがIAKの拠点を置くのにふさわしい場所だと考えたのです」と説明する。

　「ドイツの一挙手一投足は、かつての被害者、周辺諸国によって、今も重大な関心を持って見つめられています。しかし、ナチスの犯罪のひどさを考えると、ドイツが周辺諸国と友好関係を深められたことは、特筆すべきことです。ドイツ人は、過去の犯罪を若い世代に語り継ぐ努力を続けることによって、被害者たちから信頼されるようになったのです。歴史について沈黙したら、我々は罪を背負うことになります」。

10　全国数千カ所に広がる追悼施設

　被害者を悼むモニュメントは、この章の初めで紹介したベルリンのホロコースト犠牲者追悼碑だけではない。たとえば西ベルリンで最も賑やかなクア・フュルステンダム通りに面したヴィッテンベルク広場には、1967年から、「我々が決して忘れてはならない恐怖の場所」として、アウシュビッツ、トレブリンカ、マイダネクなどの強制収容所の名前を記した警告板が立てられている。東京の新宿、大阪の心斎橋のような繁華街の真ん中である。
　さらにドイツ政府や地方自治体は、ザクセンハウゼン、ベルゲン・ベルゼン、ラーベンスブリュック、ダッハウ、ノイエンガメ、ブーヘンヴァルト、ノルトハウゼンなど、国内にあった強制収容所を追悼施設・資料館として公開し、過去の犯罪を若い世代に伝えようとしている。
　私はベルゲン・ベルゼン収容所解放直後に撮影された記録フィルムを資料館で見たことがある。腐敗し始めた何千体もの遺体を地中に埋めるために、英軍の兵士が遺体の山をブルドーザーで崩して、大きな穴に押し込むシーンは、悪夢のように脳裏に残っている。人種主義、独裁国家が行き着くところを端的に示すこの映像は、ベルゲン・ベルゼンの資料館で常に上映されている。公費を使って、自国の過去の犯罪を、世界中からの訪問者に公開する姿勢には、深く考えさせられた。
　バイエルン州はアルプス山脈に近い風光明媚な土地だ。ミュンヘンの中心部から自転車で30分も南に走れば、緑に包まれた高級住宅街にたどりつく。だがこうした場所でも、過去を思い起こさせる慰霊碑に出くわす。
　1945年の冬に連合軍がドイツ本土に迫ってきた時、親衛隊は、強制収容所での犯罪が発覚するのを遅らせるために、収容者たちを、徒歩で他の収容所へ移動させる「死の行進」（Todesmarsch）を実行した。
　被害者たちは、零下15度の寒さの中、ろくな防寒着や食料も与えられないまま、何日も雪の中を歩かされて、次々に死亡していった。疲労や病気で歩けなくなった者は、親衛隊員にその場で射殺された。この行進は、ときおり住宅地を通過したため、住民たちが、重い足取りで歩く被害者たちを、窓か

ら隠し撮りした写真が残っている。

ドイツの多くの地域には、この「死の行進」が行われた道沿いに、犠牲者を追悼し、ドイツの名の下に行われた犯罪を記憶するための石碑や石盤が残っている。

ハンブルクのヤヌス・コルチャック学校には、親衛隊の医師によって生体実験の対象とされた後、殺された20人のユダヤ人の子どもたちを悼むモニュメントがある。ミュンヘン・ボーゲンハウゼン地区の聖ゲオルグ教会の脇には、ヒトラー暗殺計画に加わって処刑された聖職者を悼む石碑がある。ミュンヘン大学の入り

ベルリンの繁華街の真ん中に、強制収容所の名前を記した警告板が立てられている。

口の床には、1943年に「白バラ」抵抗運動（注）の学生たちが撒いた、ナチス批判のビラをかたどったレリーフが埋め込まれている。学生たちはこのレリーフを見て、ゲシュタポに逮捕されて処刑台の露と消えた若者たちを思い起こすのだ。

全国に設置された数千カ所にのぼる資料館、追悼碑、記念碑、モニュメントは、過去を心に刻もうとする政府、地方自治体、市民の決意をはっきりと示すものだ。

注：「白バラ」抵抗運動＝ミュンヘン大学の学生だったゾフィー・ショルらは、ナチスを批判するビラを撒いたために、ゲシュタポに逮捕されて1943年に断頭台で処刑された。「白バラ」と呼ばれるこのグループは、ドイツで最も有名な抵抗運動の一つ。

Ⅱ 教育の場で

ベラルーシの虐殺現場で、生存者の話を聞くドイツ人たち。

1 ナチス時代を重視する歴史教科書

　私がドイツの歴史教科書に関心を持ち始めたのは、1980年のことである。当時大学生だった私は、ドイツで５年間暮らして日本に戻った銀行員の家庭で、小学生の長女のために家庭教師として働いた。この小学生が、ドイツの歴史の授業で使った教科書を私に貸してくれた。私は、ナチスが、ドイツを支配していた時代に関する記述が細かく、子どもには残酷すぎるのではないかと思われるほど、生々しい写真や証言が載せられていることに驚いた。

　日本とドイツの歴史教科書の間には大きな違いがある。私が日本の中学校や高校で使った歴史教科書では、満州事変から太平洋戦争の終結に至る歴史は、あっさりとしか取り上げられていなかった。教師も現代史にはあまり時間を割かなかった。日本の高校の場合、世界史は必修だが、日本史は選択科目なので、近代日本の戦争の歴史を学ばないまま卒業することも可能だ（私自身は、このことを日本の歴史教育の大きな問題点だと考えている）。

　これに対し、ドイツの教科書は、ナチスが権力を掌握した過程や原因、戦争の歴史を詳しく取り上げ、ドイツ人が加害者だった事実を強調している。

　たとえば、ヴェスターマン社の教科書『過去への旅』第５巻「世界大戦の時代」は、ワイマール共和国の崩壊、ナチスの台頭から敗戦までの時代に、95ページを割いている。

　アウシュビッツ強制収容所の所長だったルドルフ・ヘスの、ユダヤ人をどのようにガス室で虐殺したかを描写した生々しい証言が、まるまる１ページを使って引用されている。またアウシュビッツに到着し、親衛隊員によって選別された後、ガス室に歩かされるユダヤ人母子の写真などが掲載されている。1939年、プラハに進駐したドイツ軍に対して、拳を振り上げ、怒りの表情を露わにして抗議するチェコ市民の写真も印象に残る。

　1943年に親衛隊長官ヒムラーが部下の前で行った、「ドイツ軍のための対戦車壕を掘る作業で、１万人のロシア人が衰弱死してもかまわない。重要なのは、対戦車壕が完成するということだけだ」という非人間的な演説も紹介されている。

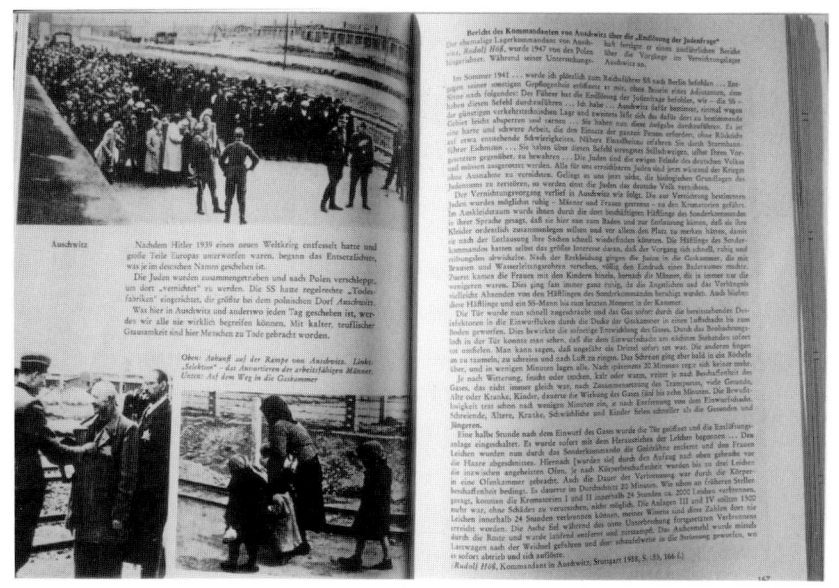

ドイツの歴史教科書には、ユダヤ人虐殺が写真や証言によって克明に記録されている。
（教科書『過去への旅』）

またエルンスト・クレット社の教科書『その時代の人々』第4巻も、ファシズムの勃興からナチスドイツの崩壊までの時代に、全体の3分の1にあたる81ページを割く。

ここでも、親衛隊員に銃を突き付けられ、隠れ家から追い立てられるユダヤ人の母子、家族の遺体の前で悲嘆にくれるロシア人の母親、パルチザンを銃殺するドイツ兵士の写真などが載せられている。また、アウシュビッツのガス室で遺体の焼却作業に携わっていたハンガリー人収容者の証言など、ドイツが加害者だったことを強調する素材が多数掲載されている。

これらの教科書では、ナチス台頭の背景と、戦争の被害が強調されている。たとえば、第一次世界大戦後の窮乏にあえぎ、ベルサイユ条約で重い賠償請求を突き付けられたドイツ国民が、選挙という合法的な手段で、ナチスを政権につけたいきさつ。そしてナチスが、人種イデオロギーに基づいて周辺諸国に与えた被害が、いかに甚大だったかがわかりやすく説明されている。

こうした教材が、感受性の強いティーンエージャーに与えられれば、ナチスの犯罪は深く心に刻まれるだろう。教育界が、過去との対決を重視していることの表われである。

2　歴史の授業は「暗記」ではなく「討論」が中心

　日本とドイツの歴史教育の間には、方法論に大きな違いがある。日本では、生徒が年号や歴史上の人物、事件などを正確に暗記することが中心である。ところが、ドイツでは事実を正確に覚えるだけでは不十分で、生徒が歴史的な事実をどのように分析、評価するか、そして自分の意見を述べることが重視される。

　私は1989年5月に、ハンブルクのマイエンドルフ・ギムナジウムで、歴史の授業を取材した。この学校には、10歳から19歳までの生徒575人が通学していた。ギムナジウムの生徒の多くは大学に進み、社会のエリート層・知識階級を構成する。授業の際に、教師と生徒が行っていた討論の一部を紹介する。

　先生（床に折り重なった、ユダヤ人の遺体の写真などを見せながら）この写真は何ですか。
　生徒　ユダヤ人の遺体、水晶の夜（注1）、政治犯の移送の写真です。
　先生　これらの写真をどういう言葉でまとめられますか。
　生徒　民族虐殺に至る、暴力のエスカレーション。
　先生　人種イデオロギーとは何ですか。
　生徒　他民族は、アーリア民族よりも劣っていると決めつける考えです。
　先生　民族が異なるのは当たり前ですが、民族の間に優劣の差をつけるのは、科学の悪用です。ナチスが最も敵視した民族は？
　生徒　ユダヤ人です。
　先生　ユダヤ人は宗教共同体です。ドイツ人はたまたま一つの国に住んでいましたが、ユダヤ人には特定の国はありませんでした。またそれ以外にも、ユダヤ人に対するねたみの感情もありました。ではユダヤ人差別がどのように行われたか、具体的に見てみましょう。（先生はニュルンベルク人種法〈注2〉などのコピーを生徒に配る）
　先生　ユダヤ人に対する計画的な虐殺はなぜ行われたのでしょう。
　生徒　政治の延長として。ユダヤ人を一掃するため。

ドイツの現代史教育の中心は討論である。(教科書『過去への旅』)

　先生　(地図を広げながら) この地図の点と星、監視塔は何を表していますか。
　生徒　点は強制収容所、監視塔は絶滅収容所、星は殺されたユダヤ人の数です。
　先生　ドイツ人の生活圏を確保するという口実で、ポーランドなどが占領され、そこに強制収容所が作られました。しかし殺された人の数は、400万人とも600万人とも言われています。なぜ殺された人の数が確定できないのでしょうか。
　生徒　ガス室で殺された人、重労働や病気で死んだ人の数がわからないから。文書が廃棄されたり、家族全体が殺されたりしたケースがあるからです。
　先生　強制収容所と絶滅収容所は異なります。絶滅収容所は計画的に大量虐殺が行われた場所です。(先生は、ベルゼック、トレブリンカ、ソビボール、アウシュビッツ・ビルケナウ、マイダネクなどの絶滅収容所の名前を黒板に書く)
　先生　当時ユダヤ人の弾圧には、多くの人が直接、間接的に関わっていました。なぜ彼らは、ナチスの邪悪性がわからなかったのでしょうか。
　生徒　みんな知っていたけれども、認めたくなかったのでしょう。

生徒たちはナチスによる暴力支配の細部を理解し、自分の考えを発言するよう求められている。このような過程を経て、若者たちは邪悪な政権に反対することの重要さを心に刻んでいく。マイエンドルフ・ギムナジウムのジークフリート・グラスマン校長は、こう語った。

　「授業では、歴史を一つの面からだけではなく、さまざまな角度から見ることを重視します。歴史的事実については、一つの国だけからの情報ではなく、他の国からの情報も資料として生徒に提供し、生徒が自分の意見を形成できるようにします。たとえば、ポーランドが、ドイツとソ連の間にはさまれて、いかに苦しんできたかを知ることは重要です」。

　「また、年号などを丸暗記するだけでは、歴史教育とは言えません。教師の役目は、生徒が自分で考え、研究するための素材を提供することです。歴史教育においては、事実を覚えるだけでは不十分であり、その事実をどのように評価、分析するかが、きわめて重要です。事実の提供と評価が並存して、初めて歴史を学ぶことになります」。

　つまり、日本では大学受験の影響もあって、年号や人物を暗記することに重点がおかれているが、ドイツでは歴史的事実をどう解釈するか、そして自分の言葉で考えを表現して、討論することが重視されている。これは、個人の意見や議論を重視する、ドイツ社会の特徴の反映でもある。

　私は17年間にわたりドイツで働いて、日本人は詳細なディテールを暗記したり、見本通りに同じことをしたりするのは得意だが、物事を批判的に分析し、自分の意見を表現するという作業には弱いということを知った。逆にドイツ人は、批判的な思考と自己主張が得意である。

　私が見学した授業でも、10代の生徒たちがナチス時代の歴史について、すでに予備知識を持っており、積極的に自分の考えを発言するのが目についた。歴史の授業を通じて、若者たちにナチスの犯罪と取り組ませることは、「過去との対決」の中で最も重要な部分の一つである。こうした教育法の結果、大半のドイツ市民の間には、ナチスの思想や軍国主義、武力による紛争解決を嫌悪し、平和を愛する心が深く根づいている。2003年の米国のイラク侵攻に、ドイツ人が強く反対した背景にも、歴史教育の影響がある。

　さらにドイツの教科書では、白バラ運動や7月20日事件（注3）に関する

ユダヤ人の強制収容所への移送に使われた貨車

記述によって、命を賭けてナチスに抵抗したドイツ人がいたことも強調されている。若者が批判的に現代史を学ぶことは、被害を受けた周辺諸国に安心感を与える原因の一つとなっている。こうした教育を受けていれば、将来、仮にナチスのような集団が政権を奪おうとした場合に、市民が反対する可能性が高くなるからである。

　これは「自虐史観」ではなく、将来全体主義政権が再び誕生し、ドイツの国益を損なうリスクを減らすための、危機管理（リスクマネジメント）でもある。

注1：帝国水晶の夜（Reichskristallnacht）＝1938年11月9日にナチスに扇動された暴徒が、ユダヤ教会に放火したり、ユダヤ人の商店を破壊したりした事件。約100人のユダヤ人が殺された。路上に落ちたショーウインドーの破片が水晶のように見えたため、こう呼ばれる。
注2：ニュルンベルク人種法＝1935年のナチス党大会で採択されたこの法律により、ユダヤ人とそれ以外のドイツ人（アーリア人）の結婚が禁止された他、ユダヤ人は参政権などあらゆる社会的な権利を剥奪された。
注3：7月20日事件＝1944年7月20日、ドイツ陸軍のクラウス・フォン・シュタウフェンベルク大佐らが、爆弾でヒトラーを暗殺しようとした事件。ヒトラーは一命を取りとめたため、クーデターは失敗し、事件に関わった多くの軍人や民間人が処刑された。

3　国際教科書会議の歴史

　歴史教科書の内容について透明性を保つことは、かつての被害国との間に信頼関係を築く上で極めて重要である。ドイツは世界で最も積極的に、この努力を行ってきた。

　アジアでも21世紀になってから、日本と韓国の歴史学者の間で、日韓歴史共同研究委員会が開かれるなど、歴史認識についての意見交換が始まっている。

　だがドイツは、すでに半世紀以上前から、周辺諸国との間で歴史教科書の内容を相互に吟味する作業を続けてきた。私は旧西ドイツのブラウンシュバイクにあるゲオルク・エッカート国際教科書研究所を訪れ、教科書会議の歴史について詳しく調べた。

　1945年にドイツが受諾した、ポツダム宣言の第7条には、「戦後ドイツの教育は、ナチズムや軍国主義の教義が完全に払拭され、民主主義の理念の成果ある発展が可能となるよう、管理されなくてはならない」と記されていた。その3年後には、ドルトムントでドイツ教員連合が歴史教育委員会の設置を決定する。

　委員長に就任した、ブラウンシュバイク出身の歴史学者ゲオルク・エッカートは、1949年に英国の歴史学者との間で二国間会議を持ち、初めて歴史教科書の内容について話し合った。1951年には、ブラウンシュバイク市に国際教科書研究所が設置された。

　ブラウンシュバイクがあるニーダーザクセン州は、この研究所をカント大学の一部門として位置づけ、公費で維持することを決定。1975年には、ニーダーザクセン州議会が「ゲオルク・エッカート国際教科書研究所設置法」を施行させ、独立の研究機関となった。エッカートは後に、ドイツのユネスコ支部の支部長に選ばれた。またゲオルク・エッカート国際教科書研究所は、1985年にユネスコ平和教育賞を受賞している。

　現在この研究所は、ドイツ連邦政府の外務省と7つの州政府の支援によって運営されている。世界各国の歴史教科書・21万冊のコレクションを持つ研

フランス・ドイツ国境の防衛陣地マジノ線。フランスがドイツの侵攻を食い止めるために第二次世界大戦前に西部国境に沿って建設した長大な地下要塞である。戦争が始まると、ドイツ側は戦車を駆使した機動戦を行ったため、マジノ線は無用の長物となった。

究所は世界にも例がない（教科書の数は毎年5000冊ずつ増えている）。

　研究所の最も重要な任務は、歴史学者、歴史教師、教科書執筆者の国際会議を開催し、お互いの歴史教科書の内容を点検し、討議することだ。他国の教科書の記述が、不正確もしくは一面的と思われる場合には、率直に指摘し、両国が受け入れられる記述や表現を見つけるように努力する。教科書会議で合意した内容については、勧告を作成し、両国の文部省、教科書の執筆者、教科書出版会社に通知する。勧告に法的な強制力はないが、教科書の出版社は通常、勧告の内容を配慮して編集を行う。

　ゲオルク・エッカート研究所はこれまでに、ポーランド、フランス、英国、ロシア、米国、オランダ、デンマーク、ハンガリー、ルーマニア、イスラエル、チェコ、スロバキアと教科書会議を開催してきた。私は研究所に教科書会議の回数について問い合わせたのだが、正確な統計はない。

　しかし1989年当時、この研究所の所長だったエルンスト・ヒンリヒス教授

は、「1945年から1965年までにドイツが他国と開いた教科書会議の数は146回。そのうち83回が二国間会議」と答えている。また、最も多く教科書会議を行ってきたのは、ドイツとの間で戦争を繰り返してきたフランスと、ドイツによって一時占領されたポーランドである。フランスとポーランドとの間では、1951年以来、現在までほぼ毎年教科書会議が行われてきた。

　ヒンリヒス教授は、ドイツとポーランドの間の教科書会議に、特に力を注いできた。教授によると、特に歴史学者たちが神経を使うのは、過去2～3世紀において、ドイツがポーランドを繰り返し侵略、占領した事実、そしてナチスがポーランドに大きな損害を与えたことを、どうすれば客観的に記述できるかという点である。

　「この二つの国の歴史については、政治的な理由から、歴史教科書に意図的に誤った情報、歪曲された事実が載せられた時期がありました。このため、我々は記述を正確にする努力を行ってきました。特に重視したのは、ナチスがポーランドを占領した時代の、ドイツ人の罪の問題を正確に記述することです。同時にドイツとポーランドの間では、戦争があっただけではなく、ルネサンスから啓蒙主義の時代には、文化交流も盛んに行われたという事実も言及するように配慮しました」。

　つまり、ドイツとポーランドが征服者と被征服者だっただけでなく、思想の交流を持つ隣人でもあったことを、若者に知らせようとしているのだ。

　最近では、同研究所の活動範囲は、欧州以外の地域にも広がっている。たとえば同研究所が重視しているのは、イスラエルとパレスチナである。抗争が絶えない両者の間では、教科書にも相手への憎しみを煽るような、感情的な内容が含まれることがある。

　このためゲオルク・エッカート研究所は、ドイツが欧州諸国との間で行ってきた教科書会議の成果を、イスラエル人とパレスチナ人に紹介し、教科書の内容を相互に検討して改善することによって、和解への道を探らせる努力を行っている。教科書の内容を、客観的なものにすることによって、子どもたちの心に偏見が根付くのを防ぐのが狙いだ。

　また、1990年代に入ってからは、日本、中国、韓国、ベトナムなどアジアの国々の歴史学者たちも同研究所を訪れて、教科書会議の歴史について、情

ドイツは、ナチスが大きな被害を与えたポーランドと頻繁に教科書会議を開催した。写真は、ワルシャワ・ゲットーの慰霊碑

報収集を行っている。

　ゲオルク・エッカート研究所は、若い世代に、国粋主義に汚染されていない客観的な事実を伝え、他国への偏見や憎しみを減らすよう努力するという、「過去との対決」の中でも特に重要な役割を担ってきた。ナチスドイツの犯罪が、教科書に克明に記されているという事実は、被害を受けた周辺諸国の間に「新しいドイツ」への信頼感を醸成する上で大いに役立っている。

　すでに半世紀以上にわたり、ヨーロッパ人たちが教科書会議を続けているのに対し、アジアでは21世紀になってようやく似たような試みが始まったばかりである。ドイツの状況を取材している際に、私は、アジアで対話が進んでいない状況について、複雑な思いを抱かざるを得なかった。

4 東西冷戦下での西ドイツとポーランドの教科書会議

　私は1989年5月に、西ドイツとポーランドの歴史学者32人が、ポーランド南部のピブニッチュナという村で開いた、第22回教科書会議の模様を取材した。当時ポーランドは、まだワルシャワ条約機構に属し、東側陣営下に組み込まれて、西ドイツとは政治体制が異なる国だったが、両国の歴史学者たちは、すでに20回以上も会議を重ね、教科書の内容を客観的なものにするための努力を続けていた。

　当時、両国の間では、ポズナニ大学のゲラード・ラブーダ教授と、ベルリン大学のクラウス・ツェルナック教授が中心となって、ドイツとポーランドの間の歴史に関する、教師向けハンドブックを共同で執筆するための準備を行っていた。

　1994年以降、5巻に分けて出版されたこの教師向けハンドブックは、両国の教師たちが2つの国の関係史を教える際の手引きとして、重要な役割を果たした。特に2001年には、20世紀のドイツとポーランドの関係を扱った第5巻が発行されたが、好評を博し、合計2万部が印刷された。第4巻を除いて、全てのハンドブックが、ドイツ語とポーランド語で発行された。

　両国の歴史学者たちは、ピブニッチュナでの会合で、このハンドブックに盛り込む具体的な内容について、活発な議論を行っていたのである。

　私が感動したのは、かつてポーランドを侵略した国と、被害国の歴史学者たちが、1つのテーブルを囲んで率直に議論をしている姿だった。特にポーランド側には、戦争の傷を抱える被害者が少なくなかった。

　ポーランド科学アカデミーの副会長だった、ヴワディスワフ・マルキエヴィチエ教授は、戦争中に抵抗運動に加わっていたため、1941年に逮捕され、終戦までオーストリアのマウトハウゼン強制収容所に拘束された。

　「かつてドイツの教科書には、ポーランドを劣った国として見下すような表現がありました。教科書会議によって、こうした表現を減らすことができました。会議を始めたのは、ポーランドとドイツの間の抗争の歴史を終わらせなくてはならないと思ったからです」。

教科書会議が開かれたピブニッチュナ（ポーランド南部）

　ワルシャワ大学・歴史研究所のマリア・バヴァリコヴァ教授は、1944年に、抵抗組織のために文書を運んでいたところ、ゲシュタポに逮捕された。当時15歳だったバヴァリコヴァさんは、激しい拷問を受けた後、他の185人の女性とともに、アウシュビッツ・ビルケナウ強制収容所に送られた。186人のうち、生き残ったのは、彼女を含めて6人だけだった。

　「他の女性たちは、収容棟で一番若い私を生き延びさせるために、いつも食べ物を分けてくれました。そして自分たちは死んでいったのです」。

　教授の左腕には収容者番号の入れ墨が、右腕には拷問による傷痕が残っている。私がインタビューの後に、涙を流したのは、この時が初めてだった。幾筋もの深い傷痕を見せられて、15歳の少女に容赦なく拷問を行うナチス体制に恐怖感を覚えた。私はこの時、大半のドイツ人が、なぜナチスを「絶対的な悪」とみなし、一切の妥協を拒むかを、肌身で理解できた。

　だが、被害者たちが抱えているのは、身体の傷だけではない。多くの元収容者たちは、解放されてから長い年月が経過した後も、深いトラウマ（精神的な傷）に苦しむ。バヴァリコヴァ教授も例外ではない。

　「私はドイツ語を話す家庭で育ちましたが、解放された後はドイツ語を忘れ

ようとしました。道でドイツ語を聞くだけで、恐怖感のために、耳をふさぎたくなるのです。今でも夜中に、自分で『点呼だ、起きろ！』とドイツ語で叫んで、目が覚めることがあります。東ドイツで制服を着た警察官を見た時には、心臓発作で倒れました」。

バヴァリコヴァさんは再びドイツ語を話すようになった。だがドイツに対する恐怖と憎しみを克服するには、とてつもなく長い時間がかかったと語る。かつての被害者が、ドイツの歴史学者たちと一緒に、教師用ハンドブックを作るためにドイツ語で議論し、夕食後にはワイングラスを片手に談笑している。その姿を見て、私はポーランドとドイツが、血のにじむような努力によって、抗争の歴史を乗り越えようとしていることを感じた。

当時はベルリンの壁が崩壊する前であり、ポーランドのEU加盟など、想像することすらできなかったが、私は欧州が着実に融和の方向へ進んでいることを痛感した。バヴァリコヴァ教授は言った。

「ドイツとポーランドが一緒になって、歴史教科書をめぐり、共通の立場を見出そうとしていることは、好ましいことです。しかし、私はまだ満足していません。若者たちにとって、アウシュビッツが遠い歴史上の一エピソードになってしまったことに不安を感じます」。

実際、二つの国民の間の感情的なわだかまりは、一掃されたわけではない。たとえば1976年に、ドイツ・ポーランド合同教科書委員会が発表した「歴史・地理教科書に関する勧告」は、西ドイツで激しい批判を浴びた。

戦後ポーランドやチェコから多数のドイツ人が強制的に退去させられて、生命や財産を失った問題は、「追放（Vertreibung）」と呼ばれ、ドイツ民族にとって苦い記憶となっている（122ページ参照）。

だが西ドイツとポーランドの歴史学者たちは、1976年の教科書勧告の中で「追放」という言葉を使わずに、「住民移動」（Bevölkerungsverschiebung）という言葉を使った。このため、西ドイツの保守派から、「ドイツ人の被害を矮小化している」として、強い批判が出たのである。ポーランドのマルキエヴィチエ教授は、私のインタビューに答えて、「追放」という言葉を避けた理由を、こう説明した。

「ポーランドは、ドイツに最も痛めつけられた国の一つです。我々はドイツ人

に残酷な扱いを受け、強制的に移住させられ、殺されたのです。こう考えれば、ドイツ人が西方へ移動させられたことを、"追放"と呼ぶのは、感情的すぎると思います」。だが、現在ほとんどのドイツの教科書は、「追放」(Vertreibung)という言葉を使っている。教科書の執筆者は、ドイツの追放被害者に配慮したのである。現在ドイツでは、この出来事を「追放」と呼ぶことが普通になっている。

過去との対決は、民族が受けた傷に触れるデリケートな作業である。「追放」論争は、たった一つの言葉をめぐっても、異なる民族が合意に達することが、いかに難しいかを浮き彫りにしている。

1945年までドイツ人が所有していたが、戦後ドイツ住民が追放されて、ポーランドに接収されたミネラルウォーター工場。ここは現在ポーランドの領土になっている。(ドロッセンから追放された被害者のアルバムより)

ドイツとポーランドの教科書会議で興味深く思うことは、両国の歴史家が追放のようにデリケートな問題を避けずに、率直に意見を交換していることだ。私はアジアでも将来、教科書会議が繰り返し開かれることを強く願っているが、その際に南京虐殺や強制連行、慰安婦問題などのデリケートなテーマについても、正面から議論を行うことが重要である。こうした問題について、両国が受け入れられる表現や記述内容について合意することも、教科書会議の目的の一つだからである。

その際に、議論がかみ合わず、時間がかかることを恐れてはならない。ヨーロッパ人たちも、教科書を現在の状態にするまでに、50年以上もの歳月を必要としたのである。

5 独仏共同教科書の誕生

 2006年は、欧州諸国の融和の歴史の中で特筆すべき年となった。ドイツとフランスの歴史学者たちが、初めて共同で歴史教科書を執筆し、発行したのである。
 「この教科書によって、我々は新しい土地に足を踏み入れました」。
 誇らしげな言葉で始まる教科書は、全3巻。表紙にはフランス語とドイツ語で歴史を意味する「Histoire / Geschichte」という言葉が並んでいる。ドイツの教科書会社エルンスト・クレット社とフランスのナタン社が共同で出版した。
 2006年7月に発売された第1巻は、1945年から2005年までの時代を扱っており、ドイツ語とフランス語で書かれた同じ内容の教科書が、両国の高等学校(ドイツのギムナジウム、フランスのリセ)で使われる。
 この教科書は、まず冒頭に、原爆投下によって廃墟と化した広島の写真を掲げ、第二次世界大戦がいかに世界を荒廃させたかを強調する。「第二次世界大戦の記憶」と名づけられた第2章では、ドイツでナチスの戦犯の追及や過去との対決が、どのように行われてきたかについて、詳しく解説されている。ベルリンやエルサレム、ワシントンなど、世界各国にあるホロコースト犠牲者の追悼施設や資料館も写真入りで紹介されている。
 さらに、ナチスに占領されたフランスのヴィシー政権下で、一部のフランス人がユダヤ人迫害に加担した事実も記され、「全てのフランス人がナチスに抵抗して勇敢に戦った」という神話を否定している点も興味深い。
 33ページには、「日本が行った初めての公式謝罪」として、1995年の村山首相の談話が載せられており、アジアでは欧州に比べて過去との対決が遅れているという事実も紹介されている。
 ドイツとフランスは、ナポレオン戦争、普仏戦争、第一次・第二次世界大戦など数々の戦争を繰り返した、犬猿の仲だった。このためフランスのドゴール大統領と西ドイツのアデナウアー首相をはじめ、両国の指導者たちは関係改善に取り組んできた。ドイツは、欧州連合に半世紀以上にわたって身を埋

2006年に誕生した、初の独仏共同教科書

　めることで、フランスの信頼を獲得することに成功し、両国は欧州で最も強い友好関係を持つパートナーとなった。こうした関係改善の歴史についても、合同教科書は詳しく記述している。

　合同教科書が作られたきっかけは、2003年にパリで行われた「エリゼー条約」調印40周年の記念式典だった。この条約は、西ドイツとフランスが戦後の融和の道を歩む上で、重要な里程標となった。この式典に参加した独仏の政府首脳・議員たちは、合同で歴史教科書を発行するプロジェクトを始動させたのである。

　執筆者のギヨーム・ル・キュアントレック氏とペーター・ガイス氏は、まえがきで、EUのモットーである「Vereint in der Vielfalt（各国の多様性を保ちながら、一体となる）」という言葉を引用している。つまり、独仏合同教科書は、欧州統合の理念を体現しようとするプロジェクトでもあるのだ。かつて互いに敵だった国々の若者が、同じ教科書を使うことによって、歴史観を共有する。この教科書は、過去との対決から生まれた重要な果実なのである。

55

6 加害責任の追及に積極的なマスコミ

　ドイツに暮らしていると、戦争が終わってから60年以上経った今でも、テレビ番組や新聞記事、本、雑誌、映画のテーマとして、ナチスの犯罪や第二次世界大戦が頻繁に取り上げられることに気がつく。

　第二次世界大戦が始まった９月１日や、アウシュビッツ強制収容所が解放された１月25日などの記念日には、新聞は特集記事で埋まり、テレビでは記録映画が放映される。書店に行けば、ナチス問題を批判的に扱う書籍があふれている。マスコミは情報提供を通じて、過去との対決の中で重要な役割を果たしているのだ。

　その内容は、迫害の犠牲者に焦点を当てたものが多いが、最近では、「犯人」もしくは迫害に協力した人物や企業が取り上げられることも増えている。

　たとえばアウシュビッツなどの強制収容所には、殺害した市民の遺体を焼くための大型焼却炉があった。2005年８月には、戦争中にこの焼却炉を製造して親衛隊に納入していた、エアフルトのトップフ・ウント・ゼーネ(Topf und Söhne) という会社の責任について、ある新聞に長文の記事が掲載されていた。この国の高級紙（クオリティー・ペーパー）には、日本と違って１ページ全部を埋めるような長い記事が多いので、読者は特定のテーマについて詳しく学ぶことができる。

　ナチスによる犯罪は、ドイツのマスコミが最も繰り返し取り上げるテーマの一つであり、その頻度は、日本のマスコミがアジアでの戦争について報じる頻度とは比べものにならないほど高い。終戦から60年経っても、この国ではナチス時代の記憶が生々しく残っており、国民の関心も高いのがその理由であろう。

　たとえばワルシャワ・ゲットーの惨劇を主題にした、ロマン・ポランスキー監督の映画『戦場のピアニスト』（邦題）は、ドイツ人には目をそむけたくなるような場面が多い作品だったが、この国で多くの観客を集めた。

　日本では、日本軍による虐殺を主題にした映画を上映して、映画館が満員になるようなことは考えにくいが、ドイツでは国民の関心は極めて強い。こ

アウシュビッツ強制収容所跡に残る遺体焼却炉

うした映画を見ることも、彼らにとっては過去と対決し、犯罪を心に刻む行為と考えられているからであろう。

ドイツの映画界・テレビ界も、「白バラ」抵抗運動やヒトラーを暗殺しようとしたフォン・シュタウフェンベルク大佐などに関する作品を、次々に世に問うている。

こうした作品を見て、さらに知識を深めたいと思った若者は、政府から情報を簡単に取り寄せることができる。ドイツ連邦内務省の政治教育センターは、ホロコーストやナチスの犯罪などに関するパンフレット、資料などを多数発行しており、市民はインターネットや郵便で資料を請求すれば、無料で入手できる。

日本では「政治教育」という言葉は、悪い響きを持っているが、ドイツ語のpolitische Bildung（政治教育）という言葉には、否定的なイメージはない。

むしろドイツ政府とマスコミは、犯罪が繰り返されることを防ぐには、ナチズムの邪悪性について、国民に積極的に情報を与えなくてはならないと考えているのだ。政府とマスコミが繰り返し、ナチスの犯罪についての注意を喚起するため、戦争中の記憶の風化の度合いは日本よりも低い。

Ⅲ 司法の場で

ドイツ軍によるハテュン村の虐殺を生き残った村人の像（ベラルーシ）

1 アウシュビッツ裁判がドイツ人に与えた衝撃

　1945年11月に、ドイツを統治していた戦勝国（米国、英国、フランス、ソ連）は、ニュルンベルクで国際軍事裁判を開いた。連合軍は10カ月にわたる審理で、5000点を超える証拠書類に基づき、ナチスの高官や軍人24人を起訴し、そのうちゲーリング元空軍大臣、フォン・リッベントロップ元外務大臣ら12人の被告に死刑判決、7人に禁固刑の判決を言い渡した。
　この裁判は、「ナチスがユダヤ人やシンティ、ロマらに対して行った大量虐殺や迫害は、単なる戦争犯罪ではなく、人道に対する犯罪である」という新しい法的概念を打ち出した。
　形式的に見ればニュルンベルク裁判は、戦勝国が敗戦国の指導層を裁いたという意味で極東軍事裁判に似ている。俎上にあげられたのは、敗戦国ドイツが行った犯罪だけである。ドレスデンやハンブルクなど、大都市に対する無差別爆撃によって、市民に多数の死者が出た問題など、連合軍による戦争犯罪は裁かれなかった。
　だが、ドイツと日本の間には、戦争犯罪の司法的な追及について、大きな違いがある。ドイツの司法当局は、連合国による訴追が終わった後も今日に至るまで、虐殺などに関わった容疑者の訴追を続けている。戦後日本の司法当局が、日本軍の虐殺関与者の訴追を行わなかったことと対照的である。
　西ドイツ社会も、当初はナチスの過去と直面することを避けてきたが、1950年代の後半から、虐殺に関わった軍人に対する刑事裁判が行われるようになった。その中で最も重要なものが、1963年12月から、約２年間にわたってフランクフルト・アム・マインで行われた「アウシュビッツ裁判」である。
　この裁判は、ドイツの司法当局が、多数のナチスの犯罪者たちを法廷に引き出した、最初の本格的な裁判である。起訴されたのは、収容所の看守や医師ら24人。そのうち最後の収容所長だったリヒャルト・ベーアは、初公判の前に死亡し、３人の被告も「健康上の理由で審理に耐えられない」と判断されて、裁きを免れた。
　裁判所は、残りの20人のうち、６人に対して終身刑、11人に対して３年か

ら14年の禁固刑の判決を言い渡した。3人は無罪判決を受けている。

それまでにも、ナチスの犯罪に関する裁判が、世間の注目を集めたことはあった。

たとえば1947年には、一時アウシュビッツ収容所長を務めたルドルフ・ヘスが、ポーランドで死刑判決を受けた。

1958年には、西ドイツのウルムで、ソ連などで多数のユダヤ人を銃殺した、特務部隊アインザッツ・グルッペの指揮官らに対する公判が開かれた。

アウシュビッツ・ビルケナウ絶滅収容所

また1961年には、親衛隊のＲＳＨＡ（帝国保安主務局）で、ユダヤ人虐殺について中心的な役割を果たしていたアイヒマンが、エルサレムで死刑判決を受けた。

だがアウシュビッツ裁判は、これらの裁判をはるかに超える衝撃を、西ドイツ国民に与えた。その理由は、約２万人の西ドイツ市民がこの裁判を傍聴し、集中的な報道によって、多くの国民が、絶滅収容所におけるドイツ人の蛮行のディテールに、初めて触れたことである。

ある裁判官は、判決文を読み上げている時に、アウシュビッツで殺された子どもたちに触れたくだりで涙を流した。法廷には、19カ国から359人の被害

アウシュビッツのガス室跡に、ユダヤ人たちが追悼のメッセージを残していた。

者が出廷し、残虐行為について証言した。これに対し、被告たちは全く改悛の情を見せず、「自分たちは命令を実行した、末端の歯車にすぎない」と主張して責任を逃れようとした。

有罪判決を受けた被告のうち、ルドルフ・ヘス所長の副官だったロベルト・ムルカは、1941年から3年間にわたり同収容所で勤務。貨物列車で輸送されてきたユダヤ人を監視し、虐殺の実行を命令した。また、彼は虐殺に使われた毒ガスの原料チクロンBの調達にも関わり、少なくとも750人の殺害に関与したとして、殺人の罪で14年の禁固刑に処せられた。法廷では、「チクロンBの調達など、聞いたこともない」としらを切った。

また収容所で、規則違反などの捜査を担当していたヴィルヘルム・ボーガー被告は、収容者を尋問する際に、残忍な拷問を行うことで知られていた。特に収容者の足と手を背後で縛って、高い鉄棒にくくりつける「ボーガーのブランコ」と呼ばれる拷問で、多くの収容者を殺した。法廷では、元収容者がこの器具の模型を前に、拷問の光景について証言した。

別の元収容者は、「ある日、ボーガーは、少年がりんごを持っているのを見かけました。すると彼は少年の両足をつかんで振り回し、頭を壁にたたきつけて殺しました。そしてボーガーは、少年が持っていたりんごを自分で食べたのです」と証言した。ボーガーは、「特に悪質な犯罪を行った」として終身刑に処せられた。

親衛隊の医師ヴィクトール・カペズィウス被告は、心臓にフェノールを注射して、多数の収容者を殺害した。彼は殺害の際に被害者が暴れないように、他の収容者に、被害者の身体を押さえつける助手の役目を与えていた。

ある日、この助手の父親が処刑されることになった。カペズィウスはいつものように助手に身体を押さえつけさせて、彼の父親を殺した。殺害後、カペズィウスは助手に言った。
「お前の父親だと前もって言ってくれれば、殺さなかったのに……」。

ビルケナウ絶滅収容所のガス室の残骸。親衛隊は撤退時に、証拠隠滅のためにガス室を爆破した。

　アウシュビッツ裁判の最大の意義は、詳しい報道を通じて、それまでは匿名だった虐殺の実行者たちに、具体的な名前と顔を与えたことである。多くの国民は、平時には良き父、良き夫である市民たちが、ナチス体制下では、平然と残虐行為をやってのけるサディストになっていった事実を初めて知った。

　もちろん、ユダヤ人虐殺など、ナチスの犯罪の規模は余りにも大きいので、刑事裁判によって、過去との対決を行うことには限界がある。むしろ、犯罪に加わっていても、全く訴追されていない人物が多いかもしれない。これは、国家が行った犯罪を裁こうとする時に、検察官や裁判官が、必ず直面する問題である。

　だが、この裁判をきっかけに、西ドイツ国民は、ドイツの名の下に行われた犯罪の重大さを意識し、「記憶を風化させてはならない」と決意したのである。法廷で、具体的な事実が公開されたことの意味は無視できない。過去との対決に関するNGO（非政府組織）の関係者たちも、「アウシュビッツ裁判が流れを変えた」と口を揃える。

　つまりこの裁判は、過去との対決を一種の社会運動にし、歴史を心に刻む姿勢を、市民のアイデンティティーとする上で、大きな役割を果たしたのである。

2　10万人以上の容疑者を捜査したナチス犯罪追及センター

　1989年5月、私はドイツ南西部のルートヴィヒスブルクで、古めかしい建物を訪れた。検察庁がナチスの戦犯に関する情報収集を効率的に行うために、1958年に設置した「ナチス犯罪追及センター」(Zentralstelle für die Verfolgung nationalsozialistischer Verbrechen) である。

　この機関の役割は、ナチスの機構、犯罪、容疑者に関する資料を収集、分析することによって、逃走中の戦犯に関する予備捜査を行い、犯罪事実がはっきりした事案について、資料を管轄検察庁に送り、検察官に捜査を行わせることである。

　追及センターを率いていたのは、アルフレート・シュトライム上級検事（当時57歳）。26年間にわたりこの犯罪の捜査を行ってきた、西ドイツで最も有名なナチス・ハンターの一人である。

　センターの文書館に入ると、膨大な数の書類が目に飛び込んでくる。ナチスの犯罪に関する捜査資料170万件が、10万冊のファイルに収められている。この機関は1998年までの40年間に、10万7000人の容疑者について捜査を行い、そのうち7189人が有罪判決を受けている。

　同機関による予備調査で摘発された戦犯の中には、ポーランドで複数の強制収容所の所長を務めた際に、多くのユダヤ人を虐待して殺害した後、アルゼンチンに逃亡していたが、逮捕されて1992年に終身刑を言い渡されたヨーゼフ・シュヴァムベルガーや、オーストリアのマウトハウゼン強制収容所で数百人の収容者を、心臓へのフェノール注射や人体実験によって殺害した親衛隊の医師、アリベルト・ハイムも含まれている。

　シュトライム検事は、強制収容所での残虐行為や、ソ連での虐殺などに関する捜査を担当し、ポーランド、ソビエト、米国などへ足を運んで、被害者の証言を収集し、証拠となる書類を分析した。彼は捜査に没頭しているうちに、26年の歳月があっという間に経ってしまったと語る。

　「私はハンブルクで検事になり、1963年にこのセンターでの勤務を命じられました。初めは数年間でハンブルクへ戻ろうと考えていました。しかし、ナ

ナチス犯罪追及センター所長、アルフレート・シュトライム上級検事（故人）

チスの犯罪捜査を担当してみて、そのひどさと規模に驚き、この問題に一生を捧げようと決意したのです」。

彼が担当した事件の中には、ソ連のバービイ・ヤール峡谷で、ユダヤ人殲滅の任務を帯びた特殊班（ゾンダー・コマンド４Ａ）が、1941年９月29日からの２日間に、ユダヤ人約３万4000人を射殺した事件や、アウシュビッツ強制収容所での毒ガスによる大量虐殺など、親衛隊による最も残虐な犯罪が含まれている。

私が1989年にセンターを訪れた時には、検事の数は14人と少なくなっていたが、最盛期の1976年には、西ドイツの各州から50人の検察官が派遣され、捜査に当たっていた。このセンターには、西ドイツの全ての州が資金を提供していた。人名、地名、所属部隊、事件別の情報カードが約150万枚保管されており、コンピューターがなかった当時でも、必要な情報を短時間で見つけることができる仕組みになっていた。

センターで働く検察官たちは、市民やマスコミに対する情報提供も重要な活動の一つと考えており、当時センターの副所長だったヴィリー・ドレーセン検事は、ナチス問題に詳しいフリージャーナリスト、エルンスト・クレー

アウシュビッツの収容者たちは、この壁の前で射殺された。

氏と共同で、捜査資料を活用して、ナチスの犯罪に関する本を出版した。
　そのうちの一冊が、ポーランドやソ連での虐殺に関する資料集『楽しい時代（Schöne Zeiten）』である。ドイツ兵の中には、虐殺や処刑の模様を、私物のカメラでこっそり撮影する者が少なくなかった。これらの写真は、戦犯追及の上で重要な証拠となったが、ドレーセン検事はこうした証拠写真と被害者の証言、逮捕された親衛隊員らの供述をもとに、『楽しい時代』を出版したのだ。
　「楽しい時代」とは、トレブリンカ強制収容所のクルト・フランツ所長が、戦争中に撮影した写真のアルバムに書いていた言葉である。検察庁が押収したこのアルバムには、まるで企業の海外駐在員が、外国での楽しかった生活を懐かしむような雰囲気が漂っている。つまり親衛隊員たちは、ユダヤ人虐殺の際に良心の呵責を覚えるどころか、むしろ楽しささえ感じていたのだ。戦争がいかに人間の心理を狂わせるかをはっきり示す言葉だ。
　アウシュビッツ収容所に配属されていた、親衛隊のクレーマー医師の日記にも鬼気迫るものがある。彼は連日のように、ガス室で多数の市民を殺害する「特殊作業（ゾンダー・アクツィオーン）」に参加していただけではなく、

フェノール注射で殺したばかりの収容者から取り出した肝臓や膵臓(すいぞう)を使って、医学に関する研究を行っていた(彼は日記の中で「生きの良い内臓」という言葉を使っている)。

ナチス犯罪追及センターの捜査会議(1989年6月)

　彼は、ユダヤ人女性が屋外で服を脱がされて、ガス室に送られることに気づき、泣きながら親衛隊員に命乞いをするのを見て、「アウシュビッツに比べたら、ダンテが描いた地獄など、喜劇のようなものだ。ここは世界で最悪の場所(anus mundi)だ」と日記に記す。

　その一方で、彼は収容所の食堂で出されるウサギや豚の焼肉、ビール、ワインに舌鼓を打ち、サイクリングやクラシック音楽のコンサートを楽しむ。本来ならば人の命を救うべき医師が、殺人者として堕ちていった地獄に、ドイツ民族が背負った業の深さを見る。

　こうした写真や証言によって、ナチスの犯罪のディテールを知ることは、過去との対決のプロセスの中で非常に重要である。殺された人々、そして加害者たちが、具体的な顔と名前を持つからである。シュトライム検事も、「ナチスの犯罪のひどさを理解するには、ディテールを知らなければならない」と強調していた。その意味で、検察官たちが捜査資料をこうした形で公開していることは、啓蒙活動の一つとして、意義のあることである。

　このセンターは2000年に捜査機関としての役目を終えたが、連邦公文書館の一部となり、膨大な捜査資料は、学者やジャーナリストに公開されている。シュトライム氏は1996年に他界したが、彼の戦闘精神は、「ドイツの名の下に行われた犯罪事実を後世に伝える」という形で、過去と対決する作業の中に生き続けている。

3　ヒトラーが命令した障害者安楽死計画

　1987年5月8日、2人の老人に対し、フランクフルト地方裁判所は有罪判決を言い渡した。当時73歳だったハインリヒ・ブンケ医師とアクヴィリン・カール・ウルリヒ医師は、第二次世界大戦中に、ナチスが障害者を殺害した「安楽死計画」に関与したとして、刑事責任を問われていた。裁判官は殺人幇助の罪で、二人の被告にそれぞれ禁固4年の刑に服するよう命じた。

　ヒトラーは、1939年9月1日付けの書簡の中で、帝国官房長官ブーラーに対し、病気や障害の治癒が不可能と診断された市民を殺すよう命じている。この命令書は、ヒトラーが大量虐殺を直接命じた書類として残存している唯一のものである。彼は、欧州征服戦争を始めるにあたり、障害者の介護にかかる費用を節約しようと考え、殺害計画の実行に踏み切ったのだ。

　ナチスはドイツとオーストリアの6カ所に、安楽死施設を設置する。障害者たちは大型バスで安楽死施設に運ばれ、「これからシャワーを浴びるので服を脱いでください」と命じられた後、タイル張りの部屋に押し込められる。隣の部屋で医師がレバーを引くと、部屋に一酸化炭素が充満して、障害者たちは窒息死させられた。

　遺体は、金歯や研究用に脳を抜かれた後、焼却炉で焼かれた。この計画の統括本部が、ベルリンのティアガルテン4番地に置かれたため、安楽死計画は「T4」という暗号名を付けられた。

　カトリック教会のガーレン司教の抗議によって、1941年8月にこの計画が中止されるまでに、殺された障害者の数は7万273人にのぼる。T4計画に加わっていたブラントという職員は、ある文書の中でこの殺害を「消毒」と呼び、「消毒行為によって1年間に、885億4398万ライヒスマルクが節約された」と報告している。

　被害者をシャワー室に見せかけた部屋に追い込み、毒ガスで殺害するという手法は、後にアウシュビッツなど強制収容所での大量虐殺に応用されていく。ヘッセン州ハダマーの病院の地下には、約1万人が殺害されたガス室や遺体の解剖台が残っている。

ブンケ、ウルリヒ両被告は、当時高名な医学教授に誘われて、ブランデンブルクとベルンブルクの安楽死施設で、合わせて1万1000人の殺害に加わった。彼らは遺族に対し、「あなたの家族が、肺炎で死亡した」として、嘘の死因を記した死亡通知を、偽名で送っていた。

　ウルリヒ被告の弁護士ヴォルフガング・モイブ氏は、私のインタビューに対し、「若い医学生だったウルリヒ氏は、ナチスにだまされて、犯罪に加担させられたのであり、大きな機械の中の歯車の1個にすぎません。彼は良心の呵責(かしゃく)に悩みま

安楽死計画で虐殺に使われたガス室（ヘッセン州ハダマー）

したが、ヒトラーが命令したのだから、殺害は合法だと考え、義務を遂行しただけです」と述べ、被告人を「過去との対決の犠牲者」と形容した。

　これに対し、判決を下したヨハンナ・ディルクス裁判長は、「2人は狂信的なナチスではなく、元々道徳心を持った人間でした。しかし、"どんな場合でも人を殺してはならない"という自然法を無視しました。義務だからという理由で、殺人に加担することは許されません。だから私は彼らを有罪にしたのです」と語った。

　2人は連邦裁判所に上告したが、1988年12月に3年の禁固刑が確定し、翌年刑務所に収監された。

4 「個人の罪」を重視するドイツ人の戦争責任観

　ナチスの安楽死計画に加わった2人の医師に有罪判決を下した、ヨハンナ・ディルクス裁判長は、私とのインタビューの中でこう語った。
　「ウルリヒ被告は、安楽死施設に着任して、患者を殺すのが自分の仕事だと知った時点で、任務を拒否するべきでした。たとえば彼の同僚の中には、安楽死施設に来てから1週間後に、障害者を殺す任務を拒否し、前線での勤務を志願した人がいました。彼は前線で生き残り、この裁判で証人として証言しました。つまり、ナチスの命令を拒否したからといって、直ちに死刑になるわけではなかったのです。ウルリヒ被告の罪は、命令を拒否しなかったことです」。
　この言葉には、戦後西ドイツの司法界、そして社会がナチスの犯罪者を裁く上で用いてきた、基本的な理念が浮き彫りになっている。
　ドイツの司法界や社会は、「ナチスの時代に生きた、ドイツ市民全員に罪がある」という集団責任は否定している。裁きの基準になるのは、個人が「どんな状況でも、人を殺してはならない」という自然法に違反したかどうかである。
　もちろん、当時は戦争が行われていたのだから、いわゆる軍事作戦中の戦闘行動には、この自然法はあてはまらない。問題は、ユダヤ人や捕虜、精神障害者の虐殺や拷問、見せしめのためのパルチザンの処刑など、いわゆる人道に対する罪を犯したかどうか、また捕虜の射殺や虐待を禁止しているジュネーブ協定に違反する行為をしたかどうかである。
　ディルクス裁判長の言葉に表れているように、たとえ上官の命令であっても、自然法に違反する疑いがある非人道的な命令については、拒否するべきだというのが、戦後西ドイツ司法と社会の原則なのである。安楽死裁判でも、殺害を拒否した者は、戦後訴追されず、「義務だから」と考えて殺害を実行し続けた者は、有罪判決を受けて獄に下った。
　つまり「集団の罪」という考え方を否定するドイツ人は、ナチスの時代に市民一人ひとりがどう行動したかを基準にして、「個人の罪」を追及している

安楽死計画の統括本部があった、ベルリンのティアガルテン4番地

のだ。市民は、上司や上官から命令を受けた場合、その命令に従うことが、道徳に反しないかどうかを慎重に吟味しなければならない。そして非人道的な命令については、それが自分に不利な結果をもたらしても、拒否する義務がある。「上官に命令されたから」という理由で、盲目的に命令に従ってはならないという原則だ。個人主義が浸透している、戦後の西ドイツ社会らしい考え方である。

　ちなみに、ベルリンの壁が崩壊して、東西ドイツが統一された後、旧西ドイツの司法界は、東ドイツ政府による国家犯罪の追及に乗り出したが、この際にも同じ論法を用いた。

　東西を分断していた壁沿いの地域で、国境警備に当たっていた兵士たちは、壁を乗り越えて、西側に逃亡しようとする市民を見たら、射殺しても良いから亡命を阻止すべしという命令を受けていた。多くの兵士がこの命令を実行し、約200人が犠牲となっている。旧西ドイツの裁判官たちは「西側に亡命しようとする市民を射殺してもよいという命令は、人を殺してはならないという自然法に違反する。国境警備兵たちは、この反道徳的な命令に反抗するべきだった」として、市民を射殺した兵士たちに、禁固刑などの有罪判決を言

い渡した。ここでも、「モラルに反する命令に服従したか、反抗したか」という「個人の罪」の論理が援用されているのだ。

　私はドイツで17年間働いているが、この社会では日本よりも個人の責任が重く見られる傾向がある。根回しや稟議によって、個人の責任が薄められる日本とは大きな違いがある。ドイツが「個人の罪」を重視する背景には、こうした国民性も影響しているに違いない。

　私は日本でのある講演で、ドイツ人の戦争責任観について説明した時、日本人の聴衆の間には、「日本では受け入れにくい考え方だ」という意見が強かった。集団の和と秩序、チーム精神を重んじ、上官の命令と義務を絶対視する傾向が強い日本人には、「個人の罪」や「非人道的な命令にそむく義務」という考え方はなじみが薄いと思われる。

　むしろ日本では、「上官の命令だから、やむを得ずやった」という弁明に、同情心を抱く人が多いだろう。これが、「A級戦犯など、罪をかぶって処刑台の露と消えた人々も、戦争という時代によって加害者にさせられた被害者だ」という戦犯擁護論につながっていく。その意味で、上官の命令に従っただけなのに、73歳という高齢で法廷に引き出され、刑務所にほうりこまれたウルリヒ被告に同情する日本人は多いかもしれない。

　また、このドイツの原則は大変な勇気を要する。戦後に生まれた我々は、「命令にそむくべきだった」と簡単に批判できるが、実際に、戦争という異常事態に直面した人々にとって、上官の命令にそむいても、自分の道徳心に従うということは、大変な勇気を必要としたに違いない。

　我々も、銃を持たされて市民を虐殺するよう命令され、上官から「命令に従わないと、お前だけでなく家族も強制収容所に送るぞ」と脅されたとしたら、どう行動するだろうか。果たして、「そのような命令には従えません」と言うだけの胆力を持っているだろうか。

　だが戦後、西ドイツの司法界が「集団の罪」を否定し、「個人の罪」という概念を使ったことは、「西ドイツは、ナチス体制と完全に訣別した、新しい国である」という線引きを行う上でも、大いに役立った。ドイツ人全員が悪人だったわけではないという論理を使えば、「一億総懺悔」は必要なく、再出発は比較的容易になる。

一酸化炭素で殺された障害者の遺体は、この台の上で解剖された。(ヘッセン州ハダマー)

　つまり、「ドイツ的な精神」がナチスを生んだのではなく、ナチスという犯罪集団が、ドイツ的精神、国民性を悪用したという論理である。被害を受けた国民には、異なる意見もあるだろう。だが少なくとも、今日のドイツのメインストリームは、この論法を使っている。

　マッカーサーが日本の統治をスムーズに行うために、戦前・戦中のさまざまなシステムを、戦後も部分的に継続することを許したために、日本ではドイツほど明確に、戦前・戦中と戦後の間の線引きが行われなかった。

　「個人の罪」という観念が普及していない集団主義の国・日本では、「大東亜戦争の最高指導者が戦犯として処罰されなかったのだから、末端の兵士だった自分に罪があるはずがない」と考える人が多いのも、無理はないだろう。日本で「過去との対決」が、ドイツとは違って、一種の国民的運動にならなかった理由の一つは、戦前・戦中からの継続性がドイツに比べて強く、単純な線引きをしにくかったことにあるのではないだろうか。

　ドイツとは異なり、わが国では戦前・戦中の日本を「絶対悪の体制」と見る考え方は、主流ではない。このことは、ドイツと日本の「過去との対決」が、大きく異なる道を歩んできたことの原因の一つとなっている。

5　時効廃止で、一生追及されるナチスの戦犯

　安楽死裁判で有罪が確定したウルリヒ、ブンケ両被告は、刑務所に最終的に収監された時、75歳という高齢だった。障害者の殺害に加わってから、49年という長い歳月が流れていた。法律に詳しい読者ならば、ほぼ半世紀の時間が経っても、検察当局から刑事責任を追及されることを意外に思う人もいるだろう。

　西ドイツ政府は1979年に、「悪質な殺人（Mord）」に関しては時効を廃止した。その理由は、外国に逃亡するなどして、行方がわからなくなっているナチスの戦犯を訴追するためである。つまり、ナチスの戦犯は生きている限り、捜査の対象となるのだ。

　ここでいう悪質な殺人とは、周到な計画に基づき、悪意を持って実行する謀殺であり、けんかの末に発作的に人を殺してしまったという傷害致死（Todschlag）とは異なる。ナチスによるユダヤ人虐殺のような計画的犯罪は、悪質な殺人の範疇に入る。また赤軍派（注）による要人暗殺やアル・カイダによる爆弾テロも悪質な殺人であり、時効はない。

　したがって、ナチス犯罪追及センターという予備捜査機関は、2000年に閉鎖されたが、個々の検察庁は、具体的な情報があれば捜査を行う。

　たとえば、2004年1月には、ドイツ軍のパルチザン掃討部隊の指揮官だったラディスラフ・ニジュナンスキー（当時87歳）が、59年前にスロバキアの村で市民ら164人の虐殺に加わった疑いで逮捕され、ミュンヘン地方検察庁から起訴された（その後、彼は2005年12月に、証拠不十分で無罪判決を受けている）。

　2006年9月には、米国に住んでいたエルフリーデ・リンケルという83歳の女性が、ラーベンスブリュック強制収容所の看守だったことがわかり、米国から追放された。彼女は47年ぶりにドイツに戻り、検察庁が捜査を開始した。

　ベルリンの壁が崩壊して、1990年にドイツが統一されると、旧西ドイツの捜査機関から特命を帯びて、密かに旧東ドイツに潜入する検察官や捜査員たちの姿があった。ハンブルク地方検察庁のヘルゲ・グラビッツ・シェフラー上級検事はその一人。シュフラー検事は一生の大半をナチス訴追に捧げた。

ナチスに処刑されるロシアのパルチザンたち。(ミンスクの博物館の展示から)

　彼女の執務室の壁は、「ＳＳ（親衛隊）」という文字が書かれたファイルで埋め尽くされている。ナチスハンターとして知られた彼女は、「ベルリンの壁の向こうに、訴追を免れたナチスの戦犯が隠れている」と考えて、ドイツ統一後に、旧東ドイツでの捜査に着手したのである。大物と見られる容疑者については、上級検事自らが心証を固めるために現地に出向いた。
　「私は旧東ドイツのある村で、容疑者の自宅と思われる家を、早朝に抜き打ちで訪問しました。本人はいませんでしたが、家族には何かを隠しているという様子があったので、捜査は続けます」。
　ドイツは世界で最も法律を重んじる国の一つである。その国が、時効の廃止という超法規的な措置に踏み切った事実には、ナチスの戦犯については、死ぬまで追及するという、戦後西ドイツ社会の執念が感じられる。被害者が味わった苦痛や恐怖を考えれば、妥当な措置であろう。

注：赤軍派（Rote Armee Fraktion）＝1960年代末から1990年代の初めにかけて、検事総長や財界の要人を暗殺したドイツの左翼テロ組織。アンドレアス・バーダーやウルリケ・マインホフが中心的な役割を果たした。

6　問われなかった司法の戦争責任

　1987年に出版された一冊の本が、西ドイツで大きな反響を巻き起こした。ブレーメン大学で法律を教えていたインゴ・ミュラー氏の『恐るべき法律家たち――ドイツの司法の過去は克服されなかった』という本である。

　ミュラー氏はこの本の中で、1933年にナチスが権力を掌握すると、ドイツの大半の裁判官が司法の中立、公平の原則を放棄して、ヒトラーへの忠誠を誓っただけでなく、死刑判決などを通じ、反体制派やナチスの政策に従わない市民の弾圧に、重要な役割を果たしたと指摘したのだ。

　帝国法務省の統計によると、1938年から44年に死刑判決を受けた被告の数は、1万1773人にのぼる。特にベルリンの人民裁判所のロラント・フライスラー裁判長は、狂信的なナチとして知られ、「白バラ」抵抗運動に加わった学生や、ヒトラー暗殺を企てた国防軍の将校らを、次々に死刑台に送った。

　人民裁判所は、1934年からの11年間に、1万6342人の被告のうち、5243人に死刑判決を、7768人に禁固刑の判決を言い渡している。法曹界はナチスの暴力装置の一部に成り下がっていたのである。

　しかも、このような不当な判決を下した裁判官に対して、戦後有罪が確定したことは一度もない。（フライスラーは戦争中の空襲で死亡した。）不当判決を言い渡した裁判官が起訴され、法廷の前に引き出されたことはある。しかし、戦後の法曹界は「ナチス時代の裁判官が、明白な意図を持って法律を曲げて、被告を死刑にした場合を除けば、その判決を理由に有罪にはならない」という判断を下した。このため、ナチスの裁判官たちは、無罪判決を受けたのである。

　たとえば、1943年にカッセル特別裁判所のケスラー裁判長は、29歳のハンガリー人に対して、「ユダヤ人なのにアーリア人の女性と交際して、血の純粋性を汚した」として死刑判決を言い渡し、刑は執行された。1950年にケスラー氏はこの判決をめぐって起訴されたが、「故意に法律を曲げた形跡はない」という理由で、無罪が確定している。

　連邦法務省は、1989年6月から「司法とナチズム」という展示会を、全国

アウシュビッツ・ビルケナウ絶滅収容所

で開催した。法曹界がナチス時代に果たした役割と、戦後ナチスの裁判官に対する追及が不十分だったことについて、市民に情報を提供するためだ。ミュラー氏の批判を、政府が全面的に受け入れたのである。

当時法務大臣だったハンス・エンゲルハルト氏は、展示会の開会式で、「ドイツの法曹界はナチス時代に果たした役割と正面から対決せず、オープンな議論を避け、刑事責任を負った者に対して、法的な処分を行いませんでした。このことは西ドイツ司法の過ちです」と述べ、この問題については、過去との対決が不十分だったという見方を示した。

大臣は「この過ちと対決し、ナチス司法の犠牲になった人々を追悼することは、民主主義体制の司法の義務だと考えたので、この展示会を開くことにしました」と説明している。

敗戦から45年も経ってから、政府が反省の意を示しても、不当判決を下した裁判官たちの大半は鬼籍に入っており、もはや責任を問われない。法の独立の精神を踏みにじったナチスの裁判官たちが、全く有罪判決を受けなかったことは、過去との対決の歴史の中の大きな汚点である。

7 アウシュビッツ否定は法律違反

　さてドイツ政府は、ナチスの思想を絶対的な悪と見ており、今日の司法界もそのテーゼを疑問視する修正主義者（注１）には、厳しい態度で臨む。

　たとえば1960年には、刑法（Strafgesetzbuch）に、国民扇動の罪（Volksverhetzung）が加えられた（第130条）。この法律は、他の市民に対する憎しみを煽り立てたり、人間の尊厳を傷つける発言を行ったりすることを禁止している。具体的には、「アウシュビッツで大量殺人は行われなかった」とか、「殺されたユダヤ人の数ははるかに少なく、600万人というのは嘘だ」などという発言を行う者は、最高５年の禁固刑に処せられる可能性がある。

　ドイツでは日本や米国と異なり、ナチスのシンボルであるハーケンクロイツの旗、髑髏の紋章、ルーン文字（注２）のＳＳの紋章などを公衆の面前で見せたり、右手を斜め前に掲げるナチス式敬礼を行ったりすることは禁じられている。ナチスの軍歌、ヒトラーやゲッベルス、ヒムラーの演説のレコードを販売したり、ヒトラーの著書『我が闘争』を書店で販売したりすることも、この法律に触れる行為だ。

　日本の大手出版社が、アウシュビッツの犯罪を矮小化しようとする修正主義者の記事を雑誌に載せて、世界中のユダヤ人団体から抗議を受けたため、この雑誌を廃刊にしたことがあった。ドイツでは修正主義者の説を雑誌などで流布する行為は、国民扇動にあたるので、刑法違反となる。アウシュビッツで大量虐殺が行われたことは立証された事実であり、この雑誌はネオナチのような修正主義者のお先棒を担いだことになる。編集長には国際的な視野が欠けていたのだろう。

　日本人には理解しにくいと思うが、ドイツ政府はナチスの思想を絶対悪とする点については、思想の自由を認めない。したがって、日本で時折聞かれる、「ナチスは失業問題を解決したり、高速道路（アウトバーン）網を作ったりしており、良いこともした」という発言は、ドイツ社会の主流派からは、ナチスに共感する姿勢と見られ、全く受け入れられない。

　ユダヤ人やシンティ、ロマなどへの虐殺の重大性を考えれば、ドイツ人の

失業問題を解決したり、高速道路を作ったりしたことに、どれほどの重要性があるだろうか。こうしたお決まりの発言は、「木を見て森を見ない」姿勢、バランス感覚の欠如を示している。

アウシュビッツ強制収容所跡

　この認識のギャップは、ドイツ人がナチスの凶悪さを骨身に沁みて知っているのに対し、日本がドイツから遠く離れている上、ほとんどの日本人は、強制収容所などを訪れたり、被害者の話を聞いたりして、ナチスの凶悪性に触れていないことによるものだろう。

　同時に、日本には一部の市民の間に、広島と長崎の原爆被害を、ホロコーストと同列視しようとする動きがあるが、これもドイツ政府およびイスラエル政府部内では批判されている。欧州では、殺人工場を作って600万人のユダヤ人を虐殺した犯罪は、「歴史に類例がないもの」というコンセンサスができているため、これを他の虐殺事件と同列視することは、ホロコーストの相対化、矮小化につながるとして批判されるのだ。広島と長崎の原爆被害が悲惨極まりないものであっても、ホロコーストとの同列視は、欧州やイスラエルではタブーとなっている。

　このことは、日本では意外と知られていないので、日本人が欧米やイスラエルでナチスの問題について発言する時には、十分注意する必要がある。

注1：修正主義者（Revisionist）＝「アウシュビッツでの虐殺は嘘だった」とか、「犠牲者の数はもっと少なかった」という風説を広めることによって、意図的にナチスの犯罪を矮小化しようとする人々。
注2：ルーン文字＝紀元2世紀頃から13世紀頃まで、北ヨーロッパでゲルマン民族が使用した古い文字。現在では用いられていない。

Ⅳ 民間の取り組み

アウシュビッツ収容所跡で草むしりをするドイツ人の若者たち。

1　ドイツの企業はいくら賠償したのか

　2000年8月、ドイツの経済界は、過去と対決する上で重要な一歩を踏み出した。約6400社のドイツ企業は、連邦政府とともに、ナチス政権下で強制労働などの被害にあった市民のために、賠償基金「記憶・責任・未来」（Erinnerung, Verantwortung, Zukunft）をベルリンに創設した。この賠償基金の総額は100億マルク（約5000億円）で、政府が50％、企業が50％負担する。

　1999年に基金の創設が決まった時、当時首相だったシュレーダー氏は、「ドイツは20世紀に、世界に大きな災厄をもたらしました。この基金によって、被害者たちに物質的な援助だけではなく、何らかの満足も与えたいと思います。賠償金は、被害者の苦しみを完全に癒やすことはできませんが、和らげることはできます」と述べた。

　ナチス政権下で、化学製品のメーカーだったＩＧファルベンなど多くのドイツ企業は、軍需生産によって戦争に協力した。そしてこれらの企業は、強制収容所の収容者や占領地域から徴発した市民に、兵器、軍服など軍需物資の製造、道路や橋梁の建設工事など、さまざまな強制労働を行わせた。

　重労働による過労、乏しい食料による飢え、収容所に蔓延した疫病、劣悪な衛生状態のために、多くの市民が死亡したり、健康を害したりした。

　「労働による殲滅」という言葉が示すように、ナチスにとっては、強制労働もユダヤ人らを抹殺する手段の一つだったのである。

　強制労働の被害者たちは、戦後西ドイツ政府や企業に賠償を請求したが、ドイツ統一まで西ドイツ政府は、「1953年のロンドン債務会議で、戦前と戦後の債務130億マルクの返済について合意が済んでいるから、ドイツ政府には支払い義務はない」との立場を取ってきた。

　特に鉄のカーテンで欧州が東西に分断されていた時代には、ポーランド、チェコ、ソ連など東側陣営の国々に住んでいた被害者たちは、「これらの国々と西ドイツ政府との間で平和条約が締結されない限り、請求には応じられない」という理由で、賠償を拒否されてきた。

　一部のドイツ企業は人道的な理由から、個別に見舞金を支払っていたが、

ラーベンスブリュック強制収容所では、多くの女性たちが過酷な労働によって死亡した。（同博物館の展示から）

それは正式な賠償金ではなかった。

だが1998年に、米国に住む強制労働被害者が、シーメンス、クルップ、フォルクスワーゲン、メルセデス・ベンツなどの大手企業に対して、損害賠償を求める集団訴訟を提起した。さらに被害者の遺族らが、銀行に対して、ナチスに殺された市民の休眠口座の預金の返還を求めたり、保険会社に対して、強制収容所で殺されたために死亡証明書がなく、保険金の支払いが受けられなかった生命保険について、支払い請求を求めたりするケースが、世界中で報告されるようになった。

米国には、市民のために大手企業を訴え、多額の賠償金を請求することを専門とする原告弁護士（Plaintiff attorney）がいる。この種の弁護士は、ふつう工場での事故や製品の欠陥を理由に企業を訴えるが、1990年代に入って、「ナチス時代の企業の役割」をテーマとする原告弁護士が現れた。

そのうちの1人、エドワード・フェーガンはドイツ人の弁護士ミヒャエル・ヴィッティと組んで、強制労働被害者や休眠口座所有者、生命保険契約者の遺族のために、ドイツ、スイス、イタリアなどの大企業に次々と訴状を送り付けた。

また欧米のマスコミが、1990年代の後半から、ドイツやスイスの企業がナチス時代に果たした役割について、集中的に報道したため、企業にとって不利な事実が次々と明るみに出てきた。たとえば、1999年2月5日付けのフランクフルター・アルゲマイネ紙は、「ドイツ銀行の歴史研究所が確認したところによると、戦争中に、ドイツ銀行は、アウシュビッツ強制収容所の建設に参加した建設会社10社に多額の融資を行っていた。同行のカトビッツ支店には、強制収容所の運営者が口座を持っていた」と報じている。
　国際的なユダヤ人の団体である世界ユダヤ人会議は、情報開示などについて協力しないドイツ企業については、米国で消費者によるボイコットを呼びかけると発表した。世界最大の消費市場・米国でのボイコットは、企業にとって大きな痛手だ。
　ドイツ企業は、経済のグローバル化が進む中、訴訟の標的となることによって、特に米国での活動に支障が出ることを恐れ、政府に協力して、賠償基金に出資することを決めたのである。
　当時のシュレーダー首相は、「この基金の最大の目的は、被害者の苦しみを和らげ、正義を実現することです。しかし、ドイツ企業にとって、法的な安全性を実現する（訴訟やボイコットの標的となる危険を減らすこと）という二次的な目的もあります。このことは、ドイツ国内の雇用を安定化させる上で重要です」と述べ、政府が交渉に深く関与した背景に、経済的な狙いもあったことを明らかにしている。
　基金への参加企業の内訳を見ると、ドイツのメーカーの70％、保険会社、銀行の90％、小売企業とサービス企業の60％が出資している。また大手製造企業のほぼ半分にあたる97社が基金に参加し、企業側負担分の50億マルクの半分をカバーしている。業種別に見ると、小売業とサービス業が資金の20％、銀行業界が資金の18％、保険業界が資金の10％を負担している。
　2006年6月21日に、賠償基金の運営者が発表した報告書によると、同基金は、ウクライナ、ロシア、ポーランドなどに住む165万7000人の強制労働被害者に対して、43億1600万ユーロ（約6470億4000万円）の賠償金を支払った。賠償金を受け取った人の内訳を見ると、ユダヤ人とポーランド人が圧倒的に多いことがわかる。

Ⅳ　民間の取り組み

強制労働の被害者に対する賠償金の支払い状況

支払先	賠償額
ベラルーシ	3億4550万ユーロ
IOM（国際移民組織）	3億6840万ユーロ
ユダヤ人賠償会議	11億4150万ユーロ
ポーランド	9億7550万ユーロ
ロシア	4億700万ユーロ
チェコ	2億902万ユーロ
ウクライナ	8億6900万ユーロ

(2006年6月21日の時点。資料：賠償基金「記憶・責任・未来」)

　さらに基金は、強制収容所での人体実験の被害者ら8032人に、5123万ユーロ（約76億8480万円）、財産の没収などで経済的な損害を受けた1万5781人に対し、8900万ユーロ（約133億5000万円）を払っている。また生命保険金が支払われていなかった遺族ら6622人に、6500万ドル（約71億5000万円）が支払われた。同基金は、支払い作業の98％を終えたと説明している。

　企業は、この基金に参加しても、被害者から訴えられる危険が完全になくなるわけではない。それでもドイツ企業は、「過去のあやまちについて、賠償を行った」という姿勢を示すことができる。彼らにとっては、将来のために歴史リスクを軽減しようとする試みでもある。マスコミの報道によって、傷ついた企業イメージを修復するという目的もある。

　それにしても、賠償の開始が遅すぎたことは否めない。強制労働の被害者には高齢者が多く、賠償金を受け取らないまま、この世を去った人も少なくない。これらの人々にとっては、鳴り物入りで創設された賠償基金も、その目的を果たすことができなかったのである。

　さらに、賠償金を受け取っても、収容所での体験によるトラウマ（心の傷）や、肉親を殺されたことによる悲しみは、決して癒えることがない。

2　過去の暗部を公表したフォルクスワーゲン社

　ドイツ企業が行ってきたのは、強制労働被害者らへの賠償だけではない。ナチスの時代に犯した自社の過ちについて、積極的に情報を公開する企業もある。
　たとえば、ドイツ最大の自動車メーカーであるフォルクスワーゲン（VW）社は、ナチスの歴史の研究家として名高いハンス・モムゼン教授らに委託して、1996年に「フォルクスワーゲン・ヴェルク社と第三帝国における労働者たち」と題する、1055ページもの研究報告書を出版させた。
　1937年にヴォルフスブルクに創設された「フォルクスワーゲン・ヴェルク（VW－Werk）」社は、ヒトラーの指示で「国民車」を開発し、世界的に有名になった。「かぶと虫」の愛称を付けられた乗用車フォルクスワーゲンは、今日でも愛好家が多い。
　この車を開発し、後にVW－Werk社の幹部の一人となったフェルディナンド・ポルシェ博士は、ドイツの工業史上、最も優秀な自動車設計家として知られている。その影響力は、今日のドイツの自動車業界にも隠然と残っている。
　たとえば、ポルシェ博士の孫であるフェルディナンド・ピエヒ氏は、戦後VWグループの社長を務め、2006年の時点では監査役会の会長である。またポルシェ博士の息子ハリーは、世界で最も有名なスポーツカーの製造会社「ポルシェ」の基盤を打ち立てた。
　だが、モムゼン教授の報告書は、VW－Werk社が戦前から戦争中にかけて、ナチス政権と深い関わりを持っていたことを詳しく記述している。同社は双発戦闘機ユンカースJu88型のエンジンや、飛行爆弾Fi103（注）などの生産を通じて、戦争政策の一翼を担った。フォルクスワーゲンの車台を使ったジープ「キューベル・ヴァーゲン」は、酷寒のロシア戦線から熱砂の北アフリカ戦線まで、ドイツ軍が侵攻したあらゆる地域で使用された。
　ポルシェ博士は「兵器オタク」でもあったヒトラーを満足させるために、強力な88ミリ砲を搭載した駆逐戦車「フェルディナンド」や、24センチの装

アウシュビッツでは、強制労働は殺害手段の一つだった。ナチスが撮影した収容者の写真

甲板を持つ、重さ188トンの超重戦車「マウス」を設計している。

　さらにモムゼン教授は、VW－Werk社が軍需生産のために、延べ2万人に強制労働を行わせていた実態も克明に記録している。

　1942年には、同社の1万2000人の工場労働者の半分が、フランス人捕虜やポーランドやウクライナからの強制労働者だった。1944年には、ノイエンガメ強制収容所から送られてきた収容者たちに、飛行爆弾Fi103を製造させるために、工場の近くに特別の収容所（ラーグベルク）が開設されている。多くの労働者たちが、劣悪な衛生状態による疫病と食糧不足のために死亡した。

　モムゼン教授は、「これは単なる親衛隊の犯罪ではありません。当時のVW－Werk社の経営陣にも共同責任があります」と批判する。同社のエンジニアがアウシュビッツ強制収容所へ出張し、収容者から金属加工の熟練工を徴用するための調査を行った事実も報告されている。戦後西ドイツで奇跡の経済復興のシンボルとなった大手企業が、戦時下でナチスの犯罪に加担していたことが浮き彫りにされている。

　この詳細な報告書は、戦後、ＶＷ社がモムゼン教授に積極的に資料を提供したことで可能になった。ＶＷ社は、母体となった企業の、ナチス時代の恥

部を公にすることによって、「過去のあやまちから目をそむけない」という姿勢を示そうとしたのだ。ヴォルフスブルク本社には、「フォルクスワーゲン工場での強制労働に関する追悼施設」も作られた。

さらに同社は、賠償基金「記憶・責任・未来」が創設される以前から、26カ国の強制労働被害者2050人に対して、人道的な支援を行っていた。また、過去との対決に関するNGO（非政府機関）の催し物に積極的に資金援助を行ったり、アウシュビッツ強制収容所があったオシィヴィエンチム市の若者を、ヴォルフスブルク工場での研修に招待したりしている。

他の大手メーカーも、戦争中に強制労働を行わせていた事実をインターネット上で告白している。たとえばドイツ最大の電機メーカーであるシーメンス社は、インターネット上に公開している社史の中で、「1944年秋には、24万人の労働者のうち、5万人が強制労働の被害者だった」と述べているほか、化学企業デグッサも「我が社の前身となった4社の企業が、合わせて1万7500人に強制労働を行わせていた」と告白している。

同社は、デグッサの子会社だったデゲシュ（ドイツ害虫駆除会社）が、毒ガス・チクロンBを製造していたことまで告白している。チクロンBは、アウシュビッツなどのガス室で、ユダヤ人らの大量虐殺に使用された。だが「当時の経営陣が、チクロンBが虐殺に使われていたことを知っていたという証拠はなく、戦後禁固刑の判決を受けたデゲシュ社の社長も、1955年の再審で無罪判決を受けている」とも説明している。ここにも、事実を隠すのではなく、あえて公表するという広報戦略が見られる。

過去の暗部を公表しているのは、メーカーだけではない。この国で最大の金融機関・ドイツ銀行も、社史の中で「ドイツ銀行は、ナチスが権力を握ると、国家の道具となり、政府の人種主義的な政策に唯々諾々と従った。1934年に同行は、ユダヤ人の血をひく役員3人を、取締役会から追放したのだ」と自己批判している。

また、ドイツ保険業界のトップ企業であるアリアンツ社も、ナチス時代に同社が果たした役割について、インターネット上に詳しい情報を公開している。「当時の保険業界にとっては、親衛隊も顧客だった。アリアンツは他の保険会社とともに、強制収容所の中にあった、親衛隊が管理する企業や親衛隊

虐殺に使われたチクロンB。ナチスは収容者をシャワー室に見せかけたガス室に閉じ込めた後、この固体を空気取り入れ口から室内に送り込んだ。チクロンBは空気に触れると毒ガスを発生させ、人びとを窒息死させた。

員に対して、保険を売っていた」と告白している。こうした説明文から、第三帝国で、ドイツ経済全体がナチスの暴力支配を支えるメカニズムに組み込まれていた実態が浮かび上がってくる。大企業はそうした事実を自ら公開することによって、過去と一線を画し、市民からの信頼を得ようとしているのだ。

　経済グローバル化が急激に進む中で、戦争中の暗部を放置することは、重要な市場でのボイコットや訴訟の危険を高め、将来の企業活動に悪影響を及ぼす可能性もある。短期的には、こうした事実を公開することはイメージを悪くするようにも思われるが、長い目で見れば、都合の悪いことを自ら公表することで、かえって企業への信頼を高められると判断したのだろう。「攻撃は最大の防禦」という発想である。ドイツの大手企業は、過去と対決することによって、「歴史リスク」を減らそうと試みているのだ。

注：飛行爆弾Fi103＝1944年後半からドイツ軍が使用したターボジェット装備のミサイル兵器。V1号とも呼ばれた。ドイツ北部や爆撃機から約1万発がロンドンやアントワープに撃ち込まれ、ロンドンだけで6000人を超える死者が出た。

3 元被害者との交流・支援を行うNGO「償いの証」

　ドイツの過去との対決の大きな特徴は、政府や企業だけでなく、草の根のNGO（非政府組織）が重要な役割を果たしていることだ。

　ベルリンに本部を持つ、プロテスタント教会系のNGO「償いの証」（Aktion Sühnezeichen Friedensdienst＝ＡＳＦ）は最も有名で、すでに半世紀近く活動している。1985年に、フォン・ヴァイツゼッカー連邦大統領も、連邦議会で行った有名な演説「荒れ野の40年」の中でＡＳＦの活動を讃えた。

　またヨーゼフ・フィッシャー元外相も、「欧州諸国、米国、イスラエルを訪ねるたびにＡＳＦの足跡に出会い、嬉しく思います。ＡＳＦが個々の国で、アウシュビッツが象徴するナチスの歴史の意味を、倦むことなく問い続けてきたことは賞賛に値します。我々は、過去との対決の先鞭をつけたＡＳＦを全面的に支援するべきです」と語る。

　「償いの証」の活動目的は、ドイツの若者たちに、ナチスの暴虐の歴史を体験や対話を通じて学ばせ、心に刻ませることである。なぜドイツでファシズムが台頭し、どのような悲劇を生んだのか。どうすれば悲劇が繰り返されるのを防ぐことができるのか。その答えを見つけるために、ＡＳＦは1958年から2005年までに、のべ１万人のボランティアを、イスラエル、フランス、ロシア、米国、オランダなど13の国々に派遣してきた。毎年約170人の若者が、ＡＳＦが外国で実施する120のプロジェクトに参加している。

　ボランティアたちは１年半から２年間、外国に滞在して、強制収容所に入れられて健康を害したお年寄りの介護や、ポーランドやチェコにある強制収容所跡の修理作業を行う。また盲学校の建設、スラム街での福祉活動、麻薬中毒者に対する援助活動、障害者への援助活動、ユダヤ人墓地の整備や修復などを行うとともに、ナチスによって被害を受けた人々との対話を通じて、歴史を学ぶ。

　さらにアウシュビッツへの学習旅行を企画したり、強制収容所で生き残ったお年寄りたちをドイツに招待して、セミナーを開いたりしている。また過去について学び、各国の若者の交流を促進するための夏季合宿を、毎年20回

強制収容所の跡地で働く、ＡＳＦのボランティアたち。

にわたり実施している。

　ＡＳＦが重視するのは、ナチスの歴史を本や映画から学ぶだけではなく、現場で働いて汗を流したり、被害者と直接対話をしたりすることによって、歴史を「生の体験」として心に刻むことである。ドイツ人の若者は、イスラエルやポーランドで働くことによって、被害者の間に、今もドイツ人に対する反感や憎しみが残っていることを肌で体験する。

　いわば、個人的体験によるショックを利用した学習法である。こうしたショックを受けることで、なぜナチスがドイツで政権を掌握したのか、どうすれば同じような事態を防ぐことができるようになるかについて、自分の問題として深く考えるようになる。

　この団体の活動はドイツ政府からも認められている。徴兵制度のあるドイツでは、良心・宗教上の理由から兵役を忌避する場合には、かわりに介護などの福祉活動を行わなければならない。1969年からは、ＡＳＦのためにボランティアとして外国で働けば、兵役の代替活動として認められることになった。

　ＡＳＦは、ナチスに抵抗せず、暴力支配を黙認してしまった人々の反省か

ら生まれた。創設者ロター・クライズィヒは、ナチスが権力を握った1930年代に、ベルリン郊外のブランデンブルクで、判事として働いていた。ナチスドイツは、「安楽死計画」の名の下に、1939年から精神障害者ら7万人を秘かに殺害した。クライズィヒ判事の勤務地ブランデンブルクには、障害者を一酸化炭素によって殺す施設があった。

　彼は市民の訴えから、多数の障害者が不審な死に方をしていることに気づき、調査した結果、安楽死計画の存在を突き止める。そして、この計画の責任者の一人で、ヒトラーの側近だったブーラー帝国官房長官を殺人罪で告発した。

　だがクライズィヒ判事は司法省に呼びつけられ、「この計画はヒトラー総統の直接の命令に基づくのだから、告発を取り下げろ」と要求される。クライズィヒは「こんな国で裁判官として働くことはできない」として辞職し、以後キリスト教の活動に専念する。

　しかし、クライズィヒはさらに挫折を経験する。1942年に彼は、牧師会から、知り合いのユダヤ人が強制収容所へ送られることを知らされる。彼は2人のユダヤ人を救うために奔走するが、救援が間に合わなかったため、移送の前日に2人に会い、「明日私が集合地点へ行って、君たちを救い出す。それがだめな場合には、私も収容所へ行く」と伝えた。

　牧師会へ帰ったクライズィヒは、上司に事情を説明し、自分が明日戻らない場合には、自分が収容所へ行ったことを妻に伝えてほしいと頼む。しかし上司から「今は、一人でも君のような人間が必要な時だ。考え直せ」と説得され、クライズィヒは翌日集合地点に行かず、ユダヤ人との約束を破った。

　こうした苦い経験、人間の弱さの認識から、1958年にクライズィヒはプロテスタント教会の支援を受けて、ナチスドイツの暴虐によって被害を受けた国々との交流活動、被害者への支援活動を始めた。

　こうしてＡＳＦはスタートしたが、1961年のベルリンの壁建設によって、東西分裂を余儀なくされ、別々に活動を続けてきた。しかし東西のＡＳＦは、ドイツ統一とともに合体した。近年、教会から脱退する市民が増えているために、主な支援者であるプロテスタント教会の財政状態が厳しくなり、ＡＳＦも一時財政難に悩まされたことがある。

ＡＳＦのクリスティアン・シュタッファ事務局長

　ＡＳＦは、旧東ドイツを中心として、一部の市民の間で極右勢力に対する支持が高まっていることに強い懸念を抱いており、人種差別に反対する運動も行っている。ＡＳＦのクリスティアン・シュタッファ事務局長は、私とのインタビューの中で、ナチスの歴史を学ぶことは、極右勢力との戦いにもつながると指摘した。

　「ＡＳＦは、被害者との対話を通じた、過去との対決を重視してきました。こうした形での過去との対決を、ドイツ社会でもっと広めなくてはなりません。ナチスの歴史が、今日の社会でどのような意味を持っているかについて理解を深めるためです」。

　ＡＳＦのボランティア活動への参加を希望する若者の数は、毎年増えており、定員の３倍から４倍の応募者がある。このためシュタッファ氏は、若者たちの過去との対決への関心は薄れていないと考えている。ＡＳＦは2008年に創設から50周年を迎えるが、その任務はまだ終わっていない。

4 「償いの証」にアウシュビッツ生存者が寄せる信頼

　ポーランドは、ナチスの侵略によって特に大きな被害を受けた。このため、「償いの証」（ＡＳＦ）は、イスラエル、ロシアと並んで、ポーランド国民との融和に力を入れてきた。ＡＳＦは1965年に初めて、長期ボランティアをポーランドのアウシュビッツとマイダネク強制収容所跡に派遣している。

　フランツ・フォン・ハマーシュタイン氏（84歳）は、1958年にＡＳＦが創設された時に、発起人の一人となった。彼の父親は軍人だったが、ナチスの人種政策に反対しており、国防軍のベック、ヴィッツレーベンらとともに、ヒトラーに対する抵抗運動に加わっていた。ハマーシュタイン氏自身も、抵抗運動のメンバーに文書を運んだり、ユダヤ人を助けたりしていたことから、1944年7月20日のヒトラー暗殺未遂事件の後に逮捕され、母と妹とともに、ブーヘンヴァルト、ダッハウ強制収容所に送られた。

　彼によると、1945年の敗戦直後には、まだ多くのドイツ人が戦争は正しかったと考えており、彼のように抵抗運動に加わったドイツ人は裏切り者と見なされていた。現在では、ドイツ政府が、7月20日事件に連座して処刑された軍人たちを讃える追悼式典を毎年行っているが、これは敗戦直後には考えられないことだった。戦後、ナチスの犯罪が明るみに出されるにつれて、抵抗運動に加わったドイツ人も名誉を回復され、強制収容所に入れられたことについて、賠償を受けられるようになったのである。

　ハマーシュタイン氏によると、発足当初の1950年代には、ASFの活動は周辺諸国からなかなか理解を得られなかった。最初ASFは「Versöhnungsdienst（融和のための奉仕活動）」という名前を付けるはずだったが、ユダヤ人やオランダ人たちから「我々は君たちドイツ人と融和できるかどうかわからない。だから融和という言葉を使うのは適当ではない」と批判されたため、「償いの証・平和のための奉仕活動」という名前に変えた。ハマーシュタイン氏は「ドイツ人が奉仕すれば、必ず融和が実現すると思ってはなりません。融和できるかどうかは、相手の国がドイツをどう見るかにかかっているからです」と語る。

ポーランドとの交流は、当初難航した。ハマーシュタイン氏は、ドイツに駐在していたポーランドの外交官から、「ドイツがポーランドに与えた傷は深く、まだ癒えていない。ボランティアをポー

ベルリンのポーランド大使館での式典に招かれたＡＳＦの古参会員
(1998年10月)

ランドで働かせるのは早すぎるのではないか」と言われたことがある。ポーランドにボランティアを送ろうとしたら、受け入れ先から断られたこともある。

　その背景には、冷戦下でポーランド政府が東側陣営に組み入れられていたという事情もあった。共産主義政権にとって、西ドイツは公には敵国だった。また当時のポーランドの共産主義者は、西側のボランティアが訪れることで、アウシュビッツでユダヤ人が最大の犠牲者だったという事実が、クローズアップされるのを嫌ったのである。彼らにとっては、各国の共産主義者が特にナチスに迫害され、勇敢に抵抗したと強調することが重要だったからである。

　ポーランド側の反対にあったため、ＡＳＦは初めのうちボランティア活動を英国やオランダ、ノルウェーなど、西欧諸国に限っていた。しかし、1960年代にハマーシュタイン氏が、アウシュビッツの博物館を見学に行った時に、この収容所に入れられて迫害されたポーランド人、タデウス・シマンスキー氏らと出会った。彼は1941年から４年間にわたりアウシュビッツで辛酸をなめた。

　ハマーシュタイン氏は、シマンスキー氏から「収容所跡を修復し維持するためには、やらなければならないことはたくさんあります。ここアウシュビッツでは、ポーランド人もドイツ人もともに苦しみを味わったのですから、国際的な団結はこれからも必要です。ドイツ人のボランティアが来てくれれば

タデウス・シマンスキー氏はアウシュビッツに約4年間拘束された。

歓迎します」と言われた。そしてシマンスキー氏は、ドイツ人ボランティアの受け入れに消極的だったポーランド政府や国内の右派を説得し、ドイツ人ボランティアのポーランドでの活動を可能にした。

シマンスキー氏は、2002年に85歳で亡くなるまで、アウシュビッツ博物館の一角に住み、その生涯を、訪問者に収容所での体験を語り継ぐことに捧げた。1995年に私が行ったインタビューで、彼は言った。

「解放されてからも、しばしば収容所についての悪夢を見ました。だが、私のドイツ人に対する感情は複雑でした。全てのドイツ人がサディストであるわけではないと知っていたからです」。

シマンスキー氏がある日、空腹に堪えかねて、規則を破ってバラックのストーブで芋を焼いていたところ、ドイツ人のカポ（収容者をまとめる責任者）とシュヴァルツという名前の親衛隊員に見つかった。親衛隊員はシマンスキー氏を殴って、ストーブの上の芋をひっくり返した。カポはシマンスキー氏の収容者番号20034をメモすると、「お前は馬鹿だ」と言って出て行った。だがカポは再び戻ると、シマンスキー氏の番号を書いた紙片を破り捨てた。「もしもシュヴァルツがお前の番号をメモしていたら、お前は懲罰部隊に送られて、殺されていたところだった」。このように、ポーランド人の命を救うドイツ人

アウシュビッツの監視塔とフェンス

もいたのだ。
　また1943年のクリスマスに、フリッツ・ガッセンという親衛隊員がバラックに入ってきた。シマンスキー氏ら収容者が気をつけの姿勢を取ると、ガッセンは「元気を出して耐えるのだ。このひどい経験もいつかは終わる」と言って収容者たちを励ました。彼はその後、自ら志願してロシアの最前線へ向かい、戦死した。シマンスキー氏は、ガッセンがアウシュビッツで見たことを恥ずかしく思ったために、あえて前線へ行ったのではないかと推測している。
　「ＡＳＦとの交流を通じて、全てのドイツ人が悪人ではないという私の印象は、ますます強まりました。ドイツ人たちにアウシュビッツでの体験を語ることによって、私の心を圧迫していた石を彼らに手渡し、重荷を一つ一つ取り除くことができたと思います。このことで悪夢を見ることが少なくなっていきました」。
　ベルリンに住むヘルガ・ジーバイさんは、30年近くＡＳＦで働いているベテランの一人。ポーランドを中心に活動し、シマンスキー氏らに対する支援活動を続けてきた。彼女はボランティア活動に打ち込んできた理由を、「この人たちが、私たちドイツ人に対して怒りの感情を抱いたまま、一生を終えてほしくないと思ったからです」と説明している。

5　アウシュビッツに建設された「国際青少年交流の家」

　ＡＳＦの過去との対決への信念の固さを象徴するのが、アウシュビッツに建設した青少年交流の家である。当初アウシュビッツでボランティア活動をする若者たちは、親衛隊の建物に宿泊していたが、ナチスが使っていた建物に泊まることは、ドイツ人にとっては精神的な圧迫となり、不眠を訴える若者もいた。

　そこでＡＳＦは、より多くの若者たちが学習活動をできるようにするために、10年の歳月をかけて、1986年に強制収容所跡の近くに、宿泊施設やセミナー室を備えた青少年交流の家を開館した。この計画に携わったＡＳＦのジーバイさんは、「共産主義時代のポーランドにこのような宿泊施設を建てることは、気が遠くなるほど困難な作業でした」と語る。

　ポーランドでは、共産主義者たちが建設に強く反対。またドイツ外務省も、「交流の家をアウシュビッツに作らずに、ポーランド南部の景勝地などに作ったほうが良い」と反対した。だがＡＳＦは、アウシュビッツに作らなければ意味がないという主張を押し通した。建設には432万マルク（約3億500万円）かかったが、そのうちの40％を西ドイツ連邦政府と州政府が負担し、60％をプロテスタント教会などが負担した。共産主義時代のポーランドでは物資が不足していたため、建築資材はすべて西ドイツから送られた。これまでに約1万8000人がこの施設に滞在し、500回を超えるセミナーが開かれた。

　この建設計画を、強く押し進めたＡＳＦの会員が、フォルカー・フォン・テルネという詩人だった。彼の両親は熱狂的なナチス党員で、親衛隊長官ヒムラーの友人だった。父親は強制収容所を警備する、親衛隊の「髑髏」部隊にいたこともある。ナチスが全国で一斉にユダヤ教会や商店を襲撃した時に、父親は暴徒を先導した。彼はこの時ユダヤ教典「トーラ」を盗み、家に保管していた。祖母は1939年からナチスが実施した「安楽死計画」で殺害されたが、ナチズムに心酔していたテルネの両親は、殺害を承認していたと言われる。

　彼はＡＳＦのボランティアとして、ドイツ人の牧師に引率されて、1964年

ＡＳＦが建設した国際青少年交流の家（オシヴィエンチム）

に初めてアウシュビッツを訪れた。当時ボランティアたちは、アウシュビッツで殺された人たちが履いていた靴を磨くという仕事を与えられた。犠牲者の靴を磨くというのは、ドイツ人にとっては苦しい作業である。

　タデウス・シマンスキー氏は、テルネが苦しそうな表情で靴を磨いているのを見て、「この仕事をするのはいやですか」と尋ねた。テルネは自分が磨いていた子どもの靴を見ながら、「もしも戦争が続いていたら、私は抵抗運動に身を投じていたでしょう。そうしたら私も処刑され、家族もアウシュビッツに送られていたはずです。つまりこの靴は、私の子どもたちの靴だったかもしれないのです。その意味でこの作業は、私にとって大事なのです」と答えた。シマンスキー氏は「テルネは父親が親衛隊の幹部だったから、ポーランドとの融和に尽くすことで、自分の過去に抵抗していたのでしょう」と分析する。

　その後テルネとシマンスキー氏は友人となり、二人の対話から交流の家を建てるという計画が生まれた。テルネは施設の完成を見ることなく、1981年に急逝した。交流の家のセミナー室には、彼の彫像が飾られている。

99

6 アウシュビッツに派遣されたドイツの若者たち

　私は、1989年7月に、西ベルリンのシュテグリッツ職業訓練校の生徒たちが、8日間にわたりアウシュビッツ強制収容所跡を訪れた学習旅行に同行し、若者たちの反応などについて取材した。

　この旅行は職業訓練校で政治学を教えていた、ハンス・ユルゲン・クラフト先生が企画したもので、ＡＳＦの援助を得てアレンジした。参加したのは18歳から28歳までの男女16人で、そのうち8人は、郵便局員や警察官、社会保険事務所の職員として働き、夜間部で勉強している。彼らは休暇を取ってこの旅行に参加していた。ドイツでは、こうした学習活動に参加する場合には、「研修休暇」という特別の休みを取ることができる。

　クラフト先生によると、参加者を見つけるのは容易ではなかった。最初は50人の生徒が関心を示したが、希望者はだんだん減っていき、最後は16人になった。職業訓練校の生徒の中には、旅行に参加する生徒を「なぜわざわざアウシュビッツなどに旅行するのだ」と笑いものにする者すらいた。ふつう西ドイツの人々が休暇を過ごすのは、ギリシャやイタリア、スペインなどであり、わざわざ共産圏へ旅行する人はほとんどいなかったのである。

　7月9日の早朝、西ベルリンを列車で出発した一行は、東ドイツとポーランドの国境でバスに乗り換え、午後8時にアウシュビッツ収容所跡があるオシヴィエンチムに到着した。この際に生徒たちが泊まったのも、ＡＳＦが建てた青少年交流の家である。オシヴィエンチムに長期滞在しているＡＳＦのメンバーが生徒たちを出迎える。学習活動もＡＳＦのコンセプトに基づいて行われる。

　アウシュビッツでの労働と見学にはまるまる6日間があてられる。この収容所は、いわゆる第一基幹収容所（シュタム・ラーガー）と、ガス室と遺体の焼却施設を持つビルケナウ絶滅収容所に分かれていた。広大な敷地なので、じっくり見学すると1日はすぐ終わってしまう。

　彼らは、午前中に収容所で建物の修復作業や草とりなどの勤労奉仕活動を行った。若者たちは、かつて高圧電流が通っていた鉄条網の間にしゃがんで

アウシュビッツ収容所跡で草むしりをするドイツ人の若者たち。

地面から雑草を抜き取る。午後は主に収容所跡の見学や生存者との対話にあてられた。

　アウシュビッツ収容所長だったルドルフ・ヘスは、「最も多い日で、1日に1万人をガス室で殺害した。少なくとも250万人をガスで殺し、約50万人が飢えと病気で死亡した。ここに送られた者の70％から80％は死んだ」と証言している。親衛隊は、ビルケナウ収容所から撤退する時に、犯罪の証拠を隠滅するためにガス室と焼却炉を爆破した。このためガス室は瓦礫の山となっているが、遺体を焼却炉に押し込むためのレールは残っている。

　若者たちは博物館の展示物を見て、特に強い衝撃を受けていた。ガラスの展示ブースを埋め尽くす、髪の毛、靴、めがね、義足、義手、かばん、歯ブラシ、食器の山。そのボリュームは犠牲者の多さを象徴する。リボンのついた金髪のポニーテールは、まるで昨日切り取られたかのように生々しい。義足や義手はまるで遺体の一部であるかのようだ。展示物を見ていると、息苦しくなる。ふだんは軽口をたたく青年もため息をつき、押し黙っている。

　バラックで収容者たちが寝かされていた木製のベッドに触ったり、集団ト

アウシュビッツに保存されている、犠牲者の髪の毛の一部

イレを訪れたりすると、何百万人もの市民が悲惨な生活を強いられていたことが実感される。集団洗面所の石鹸置き場には、滑り止めや水はけを良くするための溝が作られている。こうした細部は、ゲルマン的な節約心、秩序感覚の表われであり、ドイツ人の「国民性」がはっきり残っている。

　参加者たちは、ポーランド軍の兵士としてドイツ軍の捕虜になり、アウシュビッツに拘束されたポーランド人とも話し合った。彼は「私はドイツ軍の捕虜になって幸運だったのです。なぜかというと、第二次世界大戦の初期に、ソ連が独ソ不可侵条約の秘密条項に基づいて、ポーランドに侵攻し、東半分を占領したからです。ソ連の秘密警察は、ポーランドの知識階級と軍人の大半を殲滅しようとしました。ですから、もしもこの時にソ連軍に捕まっていたら、私も直ちに処刑されていたはずだからです」と語った。

　アウシュビッツに収容されたことを「幸運だった」と形容する元被害者の言葉に、ドイツ人たちは、大国の間で翻弄されたポーランドの運命の悲惨さを強く感じた。

アウシュビッツ収容所跡の訪問は、ドイツの若者たちに強い衝撃を与えた。

　こうしたディテールに触れてから、ビルケナウの廃墟で、被害者たちがガス室へ向かって降りていった階段、そしてユダヤ人の見学者が置いたロウソクやヘブライ語の祈りの言葉を書いた紙片を見ると、ドイツが抱え込んだ「人道に対する罪」の規模と深さを感じる。

　休暇を取ってこの旅行に参加した警察官、ラルフ・バーンストルフさんは、「アウシュビッツで抱いた感情を今後も決して忘れることがないでしょう。今のドイツにも、アウシュビッツにつながり得るような風潮はあるので、そういった動きにどう立ち向かっていけばよいか、考える素材を与えられました」と語った。

　参加者の言葉には、単に本や映画を通じてではなく、虐殺が行われた場所を訪れたり、働いて汗を流したりすることによって、過去との対決の重要さが、若者たちの心に深く刻まれるということがはっきり表われている。ＡＳＦはアウシュビッツへの学習旅行を、毎年15件から20件企画しており、今も多くの若者たちが惨劇の現場を訪れている。

7　元被害者たちとの対話が和解への第一歩

　私とのインタビューの中で、シマンスキー氏は「ASFの会員たちは、ポーランドの元収容者たちと接触した最初のドイツ人であり、ASFが共産主義支配下の困難な時代にアウシュビッツに交流の家を建てたことを誇りに思います」と語った。

　彼の発言には、ドイツの草の根レベルでの、過去との対決を評価する姿勢が表われていた。「冷戦が終わった後、ドイツ政府とポーランド政府は善隣条約を結びました。しかし、国民同士の具体的な融和の試みがなければ、条約などただの紙切れにすぎません。その意味で、ASFが行ってきた仕事こそ、条約に肉付けし、生命を与えるものです」とシマンスキー氏は強調する。

　彼は、政府の間の関係改善だけでは不十分であり、ASFが進めてきたような市民の主導で行う交流活動を通じて、加害者となった国民と被害者が直接知り合い、対話を行うことがきわめて重要だと考えているのだ。

　ASFは、ポーランド以外の地域でも、ユニークな活動を続けている。たとえばドイツ軍のソ連侵攻から50年目にあたる1991年には、対ソ戦に参加した元ドイツ兵士らとともに、かつてドイツが占領した白ロシア（現在のベラルーシ）とウクライナで、強制収容所があった場所や虐殺の現場を訪れるという学習旅行を実施した。

　筆者はこの旅行に参加したが、ナチスがソ連に作った強制収容所は、ポーランドなどの収容所に比べてあまり知られていないだけに、興味深い内容だった。ここでも中心となったのは、虐殺を生き延びた人々とドイツ人との対話だった。またチェルノブイリ原発事故の後、子どもが白血病にかかるなどの被害を受けた市民らの団体の事務所も訪れ、被害の現状についても話を聞いた。

　ASFは、1961年にイスラエルにボランティアを送り、ホロコースト被害者との交流を始めた最初の団体の一つである。ASFは1970年からエルサレムの南に「平和の家」という拠点を設置し、セミナーなどを実施してきたが、2004年に宿泊施設を増設した。現在では、被害者との対話だけでなく、どうすればユダヤ人とパレスチナ人が融和できるかについても模索を続けている。

ＡＳＦが1991年に実施したウクライナへの学習旅行の一コマ。独ソ戦に参加した元ドイツ兵（右）と、虐殺を生き残った女性が出会う。

　冷戦時代のＡＳＦでは、平和主義に徹する団体という色彩が強かった。しかし、冷戦終結後の世界では、ボスニアやルワンダで民族間の虐殺が発生したり、サダム・フセインのクルド人虐殺が明るみになったりしたため、武力の不行使さえ唱えていれば良いという状況ではなくなってきた。

　「以前のＡＳＦならば、米国のイラクからの即時撤退を要求したと思います。しかし今ではそうした要求は行わず、イラク紛争が米国にとって良い形で終わることを望んでいます。米国のイラク侵攻に反対する声明を出しましたが、同時に中東の民主化も必要だと主張しました。サダム・フセインのような独裁者を支持することはできません」。

　ＡＳＦのシュタッファ事務局長は、今日の世界では、ＡＳＦのような団体の活動も複雑になってきたと語る。平和主義だけでは不十分で、複眼的思考と、より入念な情勢分析が必要というわけだ。

　政府とは別に、ＮＧＯが半世紀にわたるボランティア活動を通じて、歴史を心に刻む作業を続けてきたことに、ドイツ人の過去との対決の奥深さ、重層性を強く感じる。さらに、ＡＳＦは急進的な少数派ではない。過去と対決し、ナチスの暴虐を糾弾するＡＳＦの基本姿勢は、若い世代を中心に、市民社会に着実に浸透している。

V 過去との対決・今後の課題

ネオナチによる落書き「総統は挨拶する。ハイル・ヒトラー」(ベルリン東部の電車内にて)

1 極右勢力の伸張

　ドイツ人の過去との対決はまだ終わっておらず、問題は山積している。そのうちの一つが、旧東ドイツでの極右政党の躍進である。

　2006年9月に、旧東ドイツのメクレンブルク・フォアポンメルン州で行われた州議会選挙では、極右政党であるＮＰＤ（国家民主党）が、得票率を前回の0.8％から7.3％に急拡大して、州議会に進出し、ドイツ政府や既成政党に強い衝撃を与えた。

　国粋主義を標榜するＮＰＤは、「外国人を社会保障制度から締め出し、雇用はドイツ人に優先的に与えるべきだ」という過激な綱領を持っており、捜査当局から常に監視されている。ドイツ内務省が連邦憲法裁判所に対して、この政党の活動禁止を申請したこともある。

　伝統的な政党であるＳＰＤ（社会民主党）とＣＤＵ（キリスト教民主同盟）が得票率を減らす中、ＮＰＤに投票した市民の数は、4年間で5万2000人も増えた。同州の東部にあるポストロウという町では、ＮＰＤが実に38.6％もの得票率を記録した。

　またＮＰＤは、2004年9月に旧東ドイツのザクセン州で行われた州議会選挙でも、得票率を1.4％から9.8％に伸ばして、州議会への進出を果たした。メクレンブルク・フォアポンメルン州でＮＰＤが躍進した理由の一つは、ＮＰＤがザクセン州での経験を生かして、運動員を送り込み、活発な選挙戦を展開したことである。ドイツでは、得票率が5％を超えない政党は、議会に会派として議席を持つことができないが、ＮＰＤは2つの州で、このハードルを越えたのである。

　投票動向調査によると、ザクセン州で投票した有権者のうち、18歳から24歳の若者の21％がＮＰＤに票を投じた。2004年にブランデンブルク州で行われた州議会選挙でも、極右政党ＤＶＵ（ドイツ国民連合）が、得票率を前回の5.3％から6.1％に増やしている。2006年のベルリン市議会（州と同格）の選挙でも、東部のリヒテンベルク、トレプトウなどの区では、ＮＰＤが得票率を2倍ないし3倍に伸ばした。

ネオナチが放火した亡命申請者の収容施設（ロストク）

　ＤＶＵとＮＰＤは、これまで同じ州議会選挙に、それぞれ候補者を立てていたため、票を食い合っていた。しかしこの選挙では、票の食い合いを避けるために、ＤＶＵはザクセンで立候補せず、ＮＰＤはブランデンブルクでの立候補を避けたために、それぞれの州で得票率を伸ばすことに成功したのである。このことは、内部闘争が激しかった極右陣営が、州議会に進出するために協力するようになってきたことを示している。
　なぜ、旧東ドイツでは、極右政党への支持が高まっているのだろうか。旧東ドイツでは、統一から16年経った今も、企業の投資が進んでいないため、経済状態が回復していない。2006年10月のドイツ全体の失業率は９.８％だったが、旧東ドイツでは、15.7％とはるかに高い。特に農業州であるメクレンブルク・フォアポンメルン州では失業率が17.3％と全国で最も高くなっている。
　旧東ドイツのある町で、工場長をしている西ドイツ出身者は言う。
　「技能を持つ若者は、みな西側に移住してしまい、東側に残っているのは、お年寄りと髪の毛をそり落としたネオナチばかりです」。
　1990年以来、西側へ移住した旧東ドイツ市民の数は150万人にのぼるが、人口流出は今も続いている。特に西側に新天地を求める女性の比率が高い。こ

旧東ドイツの大衆車トラバントが放置されたままのベルリン東部市街

のため旧東ドイツでは、男性100人に対する女性の割合は82人と低下し、若い男性にとっては、ガールフレンドや結婚相手を見つけることも難しくなりつつある。つまり、労働市場からはじき出され、パートナーも見つけられずに孤独感に悩み、統一後の社会に不満を抱く高齢者と若い男性の比率が、年々高まっているのだ。

さらに、2004年にシュレーダー政権が始めた失業保険制度の改革によって、失業者への給付金が生活保護と同じ水準まで引き下げられ、旧東ドイツの市民を怒らせた。このことも、市民が政府に対する抗議票として、極右政党を選ぶ原因の一つとなった。

社会主義体制が一夜にして崩壊した旧東ドイツでは、両親が職業を失って人生の敗者となるのを多くの若者たちが目撃し、価値観の真空状態が生まれた。この真空状態を利用して、極右勢力が一部の若者の心に過激思想を吹き込んだのである。

国際アウシュビッツ委員会のクリストフ・ホイプナー副委員長は、私とのインタビューの中で、ＮＰＤの州議会進出に強いショックを受けたと語った。

「ザクセン州の若い有権者たちの多くは、極右が提供する社会像に、自分を不安から守ってくれる、一種の"故郷"を見出したように見えます。旧東ド

ザクセンハウゼン強制収容所の収容棟も、何者かによって放火された。犯人は検挙されていない。

イツでは、地方自治体の青少年対策が不十分で、ソーシャルワーカーも十分におらず、教会も資金難にあえいでいるので、青少年の出会いの場などを作ることができません。このため、極右のボランティアたちが社会の真ん中へ食い込む土壌が生まれるのです。ザクセンなどの多くの市町村では、若者たちが"NPDは近隣の助け合いを組織したり、子どもの宿題を手伝ったり、お年寄りの面倒を見たりしている"という良いイメージを抱き始めています」。

　ホイプナー氏は、「ドイツの多くの市民は、NPDの勝利は一過性のもので、時間が経てば消え去るだろうと考えているようですが、私はそうは思いません。彼らは、1930年代にナチスが行ったように、議会制民主主義を内部から空洞化し、笑いものにすることによって、大衆の支持を得ようとしているからです」と述べ、極右の伸張を軽視することに警鐘を発している。

　極右政党は、全国レベルではまだ泡沫政党であり、連邦議会には進出していない。だが、1930年代にナチスが選挙という合法的な手段によって、権力を奪ったことを考えると、旧東ドイツで着々と地盤を広げる極右政党の動きは、いささか不気味である。

2　極右による暴力事件の増加

　ドイツ連邦政府の憲法擁護庁（注）によると、2005年に極右組織に属していたドイツ人の数は約3万9000人。2003年に比べて6％減っている上、この国の人口のわずか0.04％にすぎない。それでも、彼らは1990年代にこの国で激しい暴力の嵐を巻き起こしたことがあり、決して油断することはできない。

　1992年に極右勢力が引き起こした暴力事件は2285件。1990年に比べて8倍の増加だ。外国人ら17人が殺された。特に旧東ドイツのロストクでは、極右勢力が亡命申請者の住宅に放火、投石する模様がテレビで放映された。このことが全国の極右勢力を勢いづけたと見られ、1992年には、毎月94件から228件の割合で暴力事件が発生、9月には実に518件も起きている。私もこの時期、ドイツに住んでいたが、連日ニュースで伝えられる暴力事件に、強い不安感を抱いた。だが警察が取り締まりを強めたために、翌年には1609件と件数が大幅に減った。

　極右が暴力をふるうのは旧東ドイツだけではない。1992年11月には、旧西ドイツのメルンで、極右の若者がトルコ人の家族が住む家に放火し、女性と子ども3人が焼死するという悲惨な事件が起きた。私は事件の発生直後に現場を訪れた。普段はのどかな田舎町に、死を悼むトルコ人たちが続々と訪れ、猛火の痕が黒々と壁に残る家の前で、呆然と立ち尽くしていた。

　また翌年6月にもゾーリンゲンで、極右思想を持つドイツ人が、外国人に対する憎悪から、家に火をつけ、トルコ人の女性と子ども5人を殺害した。1992年の暴力事件のうち、65％が旧西ドイツで、35％が東側で発生している。

　当時外国人に対する暴力事件が急増した理由の一つは、欧州を東西に分断していた「鉄のカーテン」が崩壊し、ドイツ政府が統一とともにポーランドやチェコに対する国境検査を緩和した結果、ルーマニアなど東欧からの亡命申請者が、急激に押し寄せたことである。1992年には、実に43万8191人がドイツに亡命を申請している。

　1992年にドイツにやってきた亡命申請者の中には、政治的に迫害を受けていない「経済難民」も多かった。つまり本当に迫害されていなくても、ドイ

ツへ来て政治亡命を申請すれば、ドイツ政府は彼らを一時的にドイツに滞在させ、亡命許可を与えるかどうかを審査しなくてはならなかったのだ。審査のためにドイツに滞在している間、外国人たちは政府からの援助で生活することができる。

オッフェンバッハ市では、実際には政治的迫害を受けていないのに「パレスチナからの難民だ」と嘘をつき、あわせて340万ユーロ(約5億1000万円)の生活保護費を市当局からだましとっていたヨルダン人71人が摘発されている。

ナチス時代に、多くのドイツ人が他国へ亡命して助かった経験から、西ドイツ政府は、政治亡命者に救いの手を差し伸べるために、欧州で最も寛容な亡命者受け入れ規定を持っていた。鉄のカーテン崩壊後は、そのことが一部の外国人たちによって悪用されたのである。ドイツ市民の間でも、一部の外国人による制度の悪用について、怒りが高まった。

極右勢力は亡命申請者が増えたことを口実にして、外国人に対する襲撃を開始した。連邦議会はこの事件をきっかけとして、亡命申請者の受け入れに関する規定を大幅に厳しくする法案を可決。極右の暴力が政府を動かして、外国人の受け入れを制限させるという悪い前例が生まれた。この法律改正によって、2004年の亡命申請者の数は、1992年に比べて12分の1に減り、3万5607人になった。

ネオナチがこの家に放火したため、トルコ人3人が殺害された。(旧西ドイツ・メルン)

憲法擁護庁によると、2005年の極右による暴力事件の数も、1992年に比べて大幅に減り、958件となっている。数は少ないが、極右勢力による次のような事件が報告されている。
　(1) 旧西ドイツのドルトムントで、2005年3月にパンクの少年と極右の少年が口論になり、パンクの少年がナイフで刺されて死亡した。
　(2) 旧東ドイツのタンガーヒュッテで、2005年2月にナイジェリア人が5人の極右の若者に「黒人は出て行け」と罵倒された上、電車から降ろされてトンネルに連れ込まれ、ビール瓶で頭を殴られて負傷した。
　(3) 旧東ドイツのブランデンブルクで、2004年7月にケニアからの亡命申請者が、2人の極右の若者に「あいつには仕事があるのに、おれたちにはない」と言われた上、割ったビール瓶で首を切られて重傷を負った。
　(4) 旧東ドイツのヴリーツェンで、2004年6月にアラブ系のドイツ国籍を持つ身体障害者が、極右の若者の集団に囲まれて「くそったれのアラブ人」と罵られた上、ナイフで切られて重傷を負った。
　気になるのは、2005年に、極右による傷害事件が、前年に比べて27.5％と大幅に増えたことだ。連邦刑事局が、2006年1月から9月までに把握した極右による暴力事件の数も、前年の同じ時期に比べて19％増えており、375人が負傷している。
　ネオナチがテロリズムに走るという不穏な動きも見られる。2003年には、ミュンヘンの新しいユダヤ教会とコミュニティ・センターの起工式で、爆弾テロを計画していた極右勢力のメンバーが警察に逮捕された。彼らのアジトからは、ＴＮＴ火薬1.7キロが押収されている。
　ドイツ政府の元スポークスマンで、極右の暴力に対抗するＮＧＯ「態度を鮮明に！」の会長だったウーヴェ・カルステン・ハイエ氏は、2006年に「(旧東ドイツの)ブランデンブルク州などのいくつかの小さな町には、白人でない市民は行かない方が良い。生きて帰って来られない可能性があるからだ」と発言して、人々に衝撃を与えた。
　極右による傷害事件が連日のように起きていた1992年当時、私は、日が経つにつれて、極右による暴力事件に関するニュースの扱い方が、小さくなっていくことに気づいた。数があまりにも多くなって事件が「日常化」した上

ネオナチの暴力に抗議する市民のデモ（メルン）

に、被害者の大半は外国人、しかも有色人種で、白人はあまり攻撃されなかったせいもある。だが、マスコミのこうした「慣れ」は恐ろしい。ハイエ氏は、社会が鈍感になることを防ぐために、あえて挑発的な発言をしたのだろう。

　ドイツでは毎年200万件を超える交通事故によって、約5800人が死亡し、44万人がけがをしている。こう考えると、外国人が旧東ドイツで極右に殴られて負傷する危険は、交通事故よりもはるかに低い。それでもネオナチがらみの事件は、マスコミを通じて世界中に瞬く間に伝わるので、この国のイメージに深い傷を与える。社会に不満を持つ人びとは、こうしたニュースが世界に伝わることが、今日のドイツ政府を最もいらだたせることをよく知っている。このため、彼らはあえて極右政党を支持し、ネオナチの衣をまとって、社会を挑発する。ドイツの過去は、ネオナチの暴力という形で、現代社会にも大きな影を落としているのだ。

注：憲法擁護庁（Bundesamt für Verfassungsschutz）＝連邦内務省に属する捜査機関で、右翼、左翼過激派、イスラム過激派、外国の諜報機関によるスパイ活動などを監視し、取り締まる組織。

3 不十分だった東ドイツの過去との対決

　憲法擁護庁によると、2004年に、東西ドイツで発生した住民10万人あたりの極右による暴力事件の数は、旧東ドイツが圧倒的に多い。ベルリンに近接するブランデンブルク州では、10万人あたり4.08件であり、ミュンヘンを州都とするバイエルン州（0.34件）の12倍である。
　なぜ旧東ドイツでは、極右による暴力事件が多発したり、極右政党が州議会に進出したりするのだろうか。一つの理由は、東ドイツでは、社会主義時代の政権が、「ナチスと戦った共産主義者の国」であることを標榜していたために、西ドイツほど積極的に過去との対決が行われてこなかったことである。資本主義との対立を全ての尺度とした東ドイツ政府は、「元ナチスは、壁の向こう側の西ドイツにいる」と主張したのだ。
　当時の東ドイツでも、生徒たちが強制収容所跡を見学したり、ソ連軍兵士の墓を訪れたりする行事はあった。だが、西ドイツで1960年代以降行われてきたような、政府、司法当局、教育機関、マスコミなどさまざまなチャンネルを通じて、ナチスの犯罪を批判的に心に刻む作業は行われなかった。むしろ東側では、過去との対決が、政府から押しつけられる毎年恒例の行事として形骸化し、国民のアイデンティティーの一部にはならなかったのだ。
　また、強制収容所跡の博物館でも、共産主義者がナチスと戦ったことが強調され、展示されている写真の説明など、客観的事実にも誤りが見られた。社会主義時代のマスコミも、西ドイツほど頻繁には、ホロコーストなどの犯罪を取り上げなかった。
　社会主義時代の東ドイツには、ベトナム、モザンビーク、アンゴラなどからの出稼ぎ労働者や研修生が住んでいたが、彼らは指定された地区に住まなくてはならず、東ドイツ市民と交流することを禁じられていた。このため、社会主義時代の東ドイツの人々は、西ドイツの人々ほど、他民族との交流に慣れていなかったこともある。
　2004年の時点で、旧西ドイツの人口に外国人が占める比率は9.7％だが、旧東ドイツではわずか2.4％にすぎない。旧東ドイツでは、実際に外国人と

社会主義時代の東ドイツでは、共産主義者がナチスと勇敢に戦ったことが強調されていた。(ラーベンスブリュック強制収容所の博物館の展示)

知り合う機会が少ないために、「外国人が我々の雇用を奪っている」などという偏見が強くなる傾向がある。

　実際、旧東ドイツでは、若者の間に外国人への反感が根強い。2000年9月にグライフスヴァルト大学が行ったアンケートによると、旧東ドイツの若者の60%が、「極右による外国人襲撃を悪いとは思わない」と考えていたほか、メクレンブルク・フォアポンメルン州の若者の3分の1が、極右思想に共感を抱いていた。また、同州の1000人の生徒のうち、40%が「ドイツ人は他の民族よりも優れており、大半の外国人は犯罪者だ」と答えた。

　2000年にドイツ連邦議会のヴォルフガング・ティアーゼ議長（当時）は、旧東ドイツで視察旅行を行った後、「旧東ドイツの外国人に対する感情は、旧西ドイツと全然違う。多くの旧東ドイツ国民が、外国人に反感を抱くのは、ごく当たり前と思っている」と発言している。またエムニード研究所が、2000年に行った世論調査によると、「極右政党に投票するか」という問いに対して、旧西ドイツでは「投票する」と答えた市民の割合は11%だったが、旧東ドイツでは23%と、西側の2倍以上になっていた。

　社会主義政権がナチスの過去との対決をおろそかにしたことは、今日の旧東ドイツにとって大きな負の遺産となっているのだ。

4 反ユダヤ主義の兆候──燃やされた「アンネの日記」

　ヨーロッパの反ユダヤ主義の歴史は古い。ユダヤ人は中世以来、「密告によってキリストを売った」という言いがかりをつけられ、封建領主から金融業以外の仕事につくことを禁止されたり、虐殺や追放などの憂き目にあったりしてきた。だがナチスによるホロコーストほど、徹底的かつ組織的な迫害はなかった。第三帝国は崩壊したが、その根は完全には消えていない。

　2006年6月に、ザクセン・アンハルト州のプレツィンという村で起きた事件は、ユダヤ人たちを震撼させた。夏至の祭（注）で、3人の若者がアンネ・フランクが書いた『アンネの日記』を燃やしたのである。この出来事は、戦前のナチスが民族意識を鼓舞するために、夏至の祭を祝ったことや、トーマス・マンなど体制に批判的な作家の本を焼いたことを思い起こさせる。

　ドイツ・ユダヤ人中央評議会のシャルロッテ・クノーブロッホ会長は、「極右による反ユダヤ的な活動が猛威をふるい、露骨になってきていることは、1933年にナチスが政権を奪取した後の時代を想起させます。『アンネの日記』が焼かれたことは、反ユダヤ主義と極右思想が、社会の一部にいかに深く根付いているかを示しています」と警告した。

　ナチス台頭前の1930年代には、約60万人のユダヤ人がドイツに住んでいたが、ナチスの迫害によって、その数は約1万5000人に減った。クノーブロッホ会長は、バイエルン地方の田舎で、信心深いカトリック教徒の女性が、「自分の娘だ」としてかくまってくれたために、ホロコーストを生き延びた。今日のドイツでは、ロシアからのユダヤ系市民の移住によって人口が増え、約9万人のユダヤ人が住んでいる。

　だが21世紀に入って、ドイツ社会の一部で、ユダヤ人批判が公然と行われるようになった。たとえば、CDU（キリスト教民主同盟）所属の連邦議会議員マルティン・ホーマンは、2003年10月に行った演説の中で、ロシア革命でユダヤ人が農民弾圧に加わったとして、ユダヤ人を「迫害を行った犯人の民族」（Tätervolk）と呼んだ。この発言については、強い批判の声が巻き起こり、ホーマン議員は党から除名された。

また、ＦＤＰ（自由民主党）の重鎮だった連邦議会議員ユルゲン・メレマンも、イスラエルとユダヤ人を批判する発言を行った。彼は連邦議会のＦＤＰ会派から追放された後、自殺した。

ドイツ・ユダヤ人中央評議会　シャルロッテ・クノープロッホ会長

　ちなみに、同様の傾向はドイツだけでなく、他の欧州諸国でも広がっており、イスラム教徒が人口の６％を占めるフランスでも、反ユダヤ主義が一部の市民の間で強まっている。2004年４月に、ＯＳＣＥ（全欧安保協力機構）が、ベルリンにＥＵ諸国の外相を招き、反ユダヤ主義の撲滅をテーマとした会議を開いた背景には、市民の間の反ユダヤ主義の高まりに、各国政府が強い懸念を抱いていることを示している。

　クノープロッホ会長は、私とのインタビューの中で語った。

　「極右政党がザクセン州で州議会入りした時には、私がイスラエルへ移住せずにドイツに残ったことは正しかったのだろうか、という疑問すら持ちました。極右の伸張は、旧東ドイツだけの現象ではありません。また、これは一過性の出来事でもありません。ベルリンでは伝統的な衣装を着ていたユダヤ人が、極右に襲われました。パレスチナ問題にからんで、学校でユダヤ人の子どもがドイツ人から『人殺し』と呼ばれたこともあります。反ユダヤ主義が、社会の中で露骨に語られるようになってきたのです」。

　クノープロッホ会長はしばしば極右から脅迫状を受け取るが、差出人が匿名ではなく、住所と名前を堂々と書く例が増えている。

　「ドイツ人、特に旧東ドイツ人の過去との対決は、まだ十分ではないと思います」。クノープロッホ会長は悲しそうな目つきで言った。

注：夏至の祭（Sonnenwendefeier）＝古代ゲルマン人やケルト人の間では、火をたいて夏至を祝う習慣があったが、ナチスも一時「古代ゲルマンの風習の復活」として、夏至の祭を祝日とした。

5 噴き出した「過去との対決」への批判

　ドイツに住むユダヤ人らに不安を与えるもう一つの出来事は、統一以降、一部の知識人の間で、ナチスの過去を心に刻み、反省する努力を疑問視する動きが強まっていることだ。
　この傾向を端的に示すのが、1998年10月にマルティン・ヴァルザーという作家が、ドイツ書籍販売業協会から平和賞を授与された際に、フランクフルトで行った講演である。この中でヴァルザーは過去との対決の努力に重大な批判を行った。
　「ドイツの知識人は、ナチスの過去を我々に突き付け、心に刻むという作業に参加することで、自分たちが許され、加害者ではなく被害者の側に近づけるとでも考えているのでしょうか。加害者と被害者の対決が、一瞬でも緩和されると考えているのでしょうか。私は一瞬たりとも、非難される者の立場を離れられるとは思いません。マスコミは、ドイツ人を非難することを日常業務としているように思えます」。
　「私は、強制収容所の悲惨な映像から、少なくとも20回は目をそらしたでしょう。まともな人間ならばアウシュビッツを否定しませんし、理性的な人間は、アウシュビッツの悲惨さを相対化することはできません。しかし、私はマスコミから、このようにナチスの過去を毎日突き付けられると、ドイツの悪の恒常的なプレゼンテーションを拒否する心が、自分の中に芽生えるのを感じます」。
　「我々は、なぜこれまでよりも頻繁に、ナチスの過去を突き付けられるのでしょうか。その動機は、被害者を思ったり、忘却を拒否したりすることではありません。ドイツの恥部が、今日的な目的のために、道具として使われているのです」。
　彼は、ナチスの過去が、現代のドイツ人を批判し、頭を押さえつけておくための道具として悪用されていると指摘し、「過去の問題を繰り返し取り上げるのは、いいかげんにしてほしい」と訴えているのだ。
　ドイツ書籍販売業協会の平和賞は、この国の言論界で最も有名な賞の一つ

アウシュビッツで被害者が寝かされていたバラック内部

で、受賞者が行う講演は、常に大きな注目を集める。ドイツ文壇の重鎮が、晴れの舞台で過去との対決を公然と批判したのは初めてだ。彼は「講演の後、市民から約1000通の手紙を受け取りましたが、『これまで語ることができなかった内容をよくぞ言ってくれた。自分の良心がくびきから解き放たれたような気がする』という賞賛の言葉がほとんどでした」と語る。ヴァルザーは、ホロコーストを生き残ったユダヤ人の評論家ライヒ・ラニツキを揶揄する小説も発表し、リベラル派知識人の眉をひそめさせている。

　98年当時ドイツ・ユダヤ人中央評議会の会長だったイグナス・ブービス氏（故人）は、「ヴァルザーの言葉には、反ユダヤ主義が読み取れます。彼はアウシュビッツとの決別を望む、潜在的な反ユダヤ主義者です」と批判した。ブービス氏は、フランクフルター・アルゲマイネ紙の仲介で、ヴァルザーと討論を行ったが、和解することができないまま死去し、翌99年に「私はあまり多くのことを成し遂げることができなかった」という言葉を遺して、イスラエルに葬られた。彼が永眠の地としてドイツを選ばなかったことは、ブービス氏がドイツに落胆していたことを物語っている。

6 くすぶり続ける「ポーランド追放問題」

　ドイツとポーランド政府の間で間欠泉のように噴き出して、激しい論争を巻き起こすのが、第二次世界大戦後のドイツ人の追放問題である。
　ドイツ連邦内務省によると、オーデル川よりも東の、現在ポーランド領土となっているシレジア地方や東プロシャ地方などは、1939年当時ドイツ帝国の領土とされ、約957万人のドイツ人が住んでいた。
　だが、ポツダム合意によって、この地域がドイツ領からポーランド領などに変更されたため、ドイツ人約690万人が追放され、オーデル川から西側の地域へ強制的に移住させられた。西へ向かう途中で、ポーランド人による襲撃や、飢えや寒さ、病気などで死亡したり、行方不明になったりした住民の数は110万人にのぼる。
　私は彼らの体験談を読んだことがあるが、凍った海を渡っている時に、ソ連軍の戦闘機に攻撃されて死亡する市民、超満員の難民船に魚雷が命中して、海中で凍死していく避難民の姿など、その逃避行は悲惨だった。命からがらドレスデンにたどりついた多くの難民たちが、運悪く1945年2月の大空襲に遭い、焼け死んだ。
　また、多くのドイツ人がシレジア地方に持っていた土地や家屋を失ったが、今日まで全く補償を受けていない。私は戦前にドイツ領だったポーランドのオスノという町を訪れたことがある。戦前にこの町は、ドロッセンというドイツ語の名前を持っていた。ドイツ人は全て追放されて、今ではポーランド人しか住んでいない。建物は戦前のドイツ風の建築様式であり、墓地にはドイツ語が書かれた墓石が残っていた。（ポーランド人たちは、ドイツ人の墓地をゴミ捨て場にしていた。）
　現在チェコ領であるボヘミアや、ルーマニアなどからもドイツ人が追放されている。旧ドイツ領から追放されたドイツ人の総数は、約1700万人に達し、そのうちの12％にあたる211万人が死亡、もしくは行方不明になった。この問題は「追放」（Vertreibung）と呼ばれて、ドイツ人が戦争中に受けた最大の被害の一つとして記憶されている。

1990年のドイツ統一に際してコール政権は、「オーデル・ナイセ川がポーランドとの国境であるという認識は絶対に変えない。旧シレジア地方の領土問題は最終的に決着した」と確認し、ポーランドに補償を求めないことを約束した。もしもドイツがこの問題の解決を先延ばしにしていたら、周辺諸国は統一に強く反対していただろう。

　しかし追放被害者たちは、この政治的決着のために、大きなしわ寄せを受けたことになり、今も強い不満を感じている。

かつてはドイツ領でドロッセンと呼ばれたこの町は、戦後ポーランド領になり、ドイツ人は全員追放されて、オスノという名前になった。上が戦前のドロッセン、下が戦後のオスノ。同じ角度から撮影しているので、戦前にあった建物がかなり取り壊されていることがわかる。

　たとえば、彼らは2000年に「プロイセン信託」という相互扶助企業を設立、2006年9月に同社は、追放被害者1000人を代表し、ポーランドから不動産の返還を求めて、欧州裁判所に訴訟を起こす方針を明らかにしている。ドイツ政府はこうした返還請求の動きを強く批判している。

　さらに追放被害者連盟（Bdv）は、「ベルリンにホロコースト犠牲者追悼碑だけではなく、ドイツ人の追放など、世界中の追放問題に関する博物館を作るべきだ」と主張している。ポーランド政府は、こうした動きに強い警戒感を示している。追放問題は、今後もドイツと周辺諸国との間で、肉に刺さった棘のようにうずき続けるだろう。

7 ドイツ人は「被害」を語ることができるのか

　統一後、ドイツの言論界では、「ドイツ人は迫害者だっただけではなく、被害者でもあった」という主張をこめた本が、次々に出版されている。たとえばイェルグ・フリードリヒの『大火災』は、連合軍による爆撃の被害を記録した作品で、一時はベストセラーリストにも登場した。ドイツ市民が被害者となった事実を強調する本である。

　またヴァルター・ケンポフスキーの『音響探測機・ドイツ民族の集団日記』は、1943年の1月1日からの2カ月間を、市民の手紙や日記、ナチスの公文書、新聞記事、政治家や芸術家の回想録などによって再現したもの。1冊800ページの本、4巻からなる。1993年に出版されたこの本は、予想を上回る好評を博したため、5年後に続編も出版された。第2部も4巻本で、1945年の2カ月間を扱っている。

　私は8冊を通読して、ケンポフスキーのスタンスが、第1部と第2部の間で大きく異なることに気づいた。第1部ではアウシュビッツの悲惨な状況やドイツ軍が欧州にもたらした被害に重点が置かれていた。これに対し、第2部ではシレジアや東プロイセンからのドイツ難民が西へ逃げる過程で、ソ連軍による婦女暴行、略奪、飢えや寒さで苦しんだことに焦点が当てられている。

　そして第2部の最後の巻は、約3万人の死者を出した、連合軍によるドレスデン空襲の体験談によって締めくくられている。この空襲は、ドイツ人が受けた被害の象徴として、人々の心に深く刻まれている。つまり、『音響探測機』の第2部では、ドイツ人の被害が最大のテーマなのである。この力点の変化は、この国で長年タブー視されてきたドイツ人被害者論が、クローズアップされつつある証拠である。書店では、追放問題を扱った本が以前よりも目立つ。

　ドイツ統一後は、教科書にも微妙な変化が現われている。私は『過去への旅』という教科書の1981年版と1991年版を使って、現代史に関する記述が、統一の前後でどう変化したかを調べた。

最も顕著な変化が見られたのは、ポーランドやチェコからの追放についての記述である。統一前には、追放に関する記述は１ページの半分ほどで、あっさりとしか取り扱われていなかった。だが統一後には、被害者の体験談などが加わり、記述がはるかに詳細になった。つまり統一後は、「ドイツ市民も被害を受けたこと」についての記述を増やし、バランスを取ろうとする姿勢が見られるのである。

　ドイツは統一後、「普通の国」への道を歩み出し、西側同盟での責任を果たすために、コソボ戦争に見られるように、他国への軍事攻撃にも参加するようになった。自国が加害者だっただけではなく、市民が被害者となったことをも強調する教科書の変化には、ドイツの安全保障政策の転換と軌を一にするものが感じられる。

1945年の大空襲で破壊されたドレスデンの聖母教会。下は再建された現在の教会

　ＮＧＯ「償いの証」のシュタッファ氏は、「ドイツ人が被害者でもあったと語ることは、許されるべきです。だが、ドイツ人が被害を受けた原因は、ドイツが戦争を始めたことにあるということを強調するべきです」と語る。ドイツでは、世代の変化につれて、被害者論が強まる可能性がある。この流れにどう対応し、過去との対決を続けていくかは、ドイツ人が背負った大きな課題である。

あとがき

　2006年11月9日、ミュンヘンに新しいシナゴーグ（ユダヤ教会）が開かれた。マリエン広場に近い中心部に立つ、堂々とした建物だ。5700万ユーロ（約85億5000万円）の建設費は、ユダヤ人団体の資金、バイエルン州政府、ミュンヘン市当局の援助、個人の寄付でまかなわれた。
　このシナゴーグを建設することは、ホロコーストを生き延び、現在ドイツ・ユダヤ人中央評議会の会長を務めるシャルロッテ・クノープロッホさんの長年の夢だった。戦前のミュンヘンには大きなシナゴーグがあったが、1938年にナチスによって取り壊され、同年11月9日の「帝国水晶の夜」事件で、ユダヤ人の商店も暴徒によって破壊された。ミュンヘンの大半のユダヤ人は、強制収容所で殺害されるか、国外へ移住し、生き残ったのは84人にすぎなかった。
　クノープロッホさんは、「当時消滅したと私が思っていたユダヤ人の生活が、いまミュンヘンの中心によみがえりました」と述べた。ここには、近くユダヤ人学校とユダヤ博物館も置かれる。クノープロッホさんは「反ユダヤ主義の理由の一つは、人々が我々について知らないことです。私は新しいセンターを誰に対しても開かれた場所にして、ドイツ人とユダヤ人の交流を促進したいのです」と語る。
　ナチスによる迫害を体験した人の数は、時とともに減っていく。将来、生き証人がいなくなった時に、過去との対決をどのように続けるかは、ドイツ人にとって重要な課題である。「もうそろそろ過去にこだわらなくてもいいじゃないか」という誘惑はドイツにもあるからだ。この誘惑に対抗するための試みの一つが資料館の建設である。
　ミュンヘンでは、ナチスの党本部「茶色の館」があった場所に、ナチス問題に関する資料館が建設される。またライプチヒに、エルサレムやワシントンのような、大規模なホロコースト資料館を建設する構想もある。一度始めると徹底的にやらないと気がすまない、ドイツ人の国民性が現れている。少なくともドイツ政府、そして社会の良識派は、彼らのアイデンティティーの

一部となっている過去との対決をこれからも続けるだろう。

　この本を書くにあたり、多くの方々のお世話になった。

　2005年には当時、経済広報センターの事務局長だった林正氏から、過去との対決について報告する機会をいただいた上、2006年には経団連会館で講演をさせていただいた。この作業によって、26年前から行ってきた思索、集めてきた資料をまとめることができた。

　また民主党の簗瀬進議員からも、「日本の歴史リスクを克服するための研究会」のために、2006年に衆議院会館で講演をする機会を与えられた。

2006年にミュンヘンに建設された、シナゴーグ（ユダヤ教会）

　そのきっかけは、中央公論新社の木佐貫治彦氏が『中央公論』に、私の「歴史リスクと戦うドイツ、放置する日本」という論文を掲載してくださったことである。

　さらに、私はNHKの記者だった1989年に、「過ぎ去らない過去」というNHKスペシャルの取材を担当させていただいた。名プロデューサー関藤隆博氏とともに、3カ月にわたり西ドイツとポーランドで取材したが、この時に培った人脈は今でも生きている。この本の執筆には、その際の取材メモの内容と、私が現場で撮影した写真も使わせていただいた。関藤氏は惜しくも他界されたが、本書は志を同じくした同氏に読んでいただきたかった。さらに番組のコンセプトの生みの親で、現在はNHK報道番組部長である佐藤幹夫氏にも、お礼を申し上げたい。

　私の企画を取り上げて下さった高文研の梅田正己代表、担当してくださった真鍋かおる氏にも深く感謝したい。

　　　2007年1月　ミュンヘンにて

熊谷　徹

【参考資料】

◆書籍

Wer war wer im Dritten Reich? Robert Wistrich, Fischer Verlag
Die Nürnberger Prozesse, Telford Taylor, Heyne Verlag
Die Reise in die Vergangenheit, Ebeling / Birkenfeld, Westermann
Menschen in ihrer Zeit, Ernst Klett Verlag
Hitler, Joachim Fest, Propyläen Verlag
Die Deutschen nach dem Krieg, Hartwig Bögeholz, Rororo Verlag
Verfassungsschutzbericht
The Auschwitz Album, Yad Vaschem Museum
Histoire / Geschichte, Guillaume Le Quintrec / Peter Geiss, Ernst Klett Verlag
Hitlers Briefe und Notizen, Werner Maser, Leopold Stocker Verlag,
Gedenkstätten für die Opfer des Nationalsozialismus, Bundeszentrale für Politische Bildung
Anatomie des SS-Staates, Hans Buchheim etc. dtv Verlag
Eichmann in Jerusalem, Hannah Arendt, Piper Verlag
Der SS-Staat, Eugen Kogon, Kindler Verlag
Deutsche Geschichte 1933-1945, Wolfgang Michalka, Fischer Verlag
Furchtbare Juristen, Ingo Müller, Knaur Verlag
Gott mit uns, Ernst Klee / Willi Dressen, S. Fischer Verlag
Schöne Zeiten, Ernst Klee / Willi Dressen/ Volker Rie , S.Fischer Verlag
Justiz und Nationalsozialismus, Verlag Wissenschaft und Politik
Letzte Spuren, Helge Grabitz, Wolfgang Scheffler, Edition Hentrich Verlag
Topographie des Terrors, Arenhövel
Im Namen des Deutschen Volkes, Verlag Wissenschaft und Politik
Der Krieg gegen die Sowjetunion 1941-1945, Argon Verlag
Best, Ulrich Herbert, Dietz Verlag
Das Echolot I und II, Walter Kempowski, Albrecht Knaus Verlag
Staatsstreich, Joachim Fest, Siedler verlag
Beim Häuten der Zwiebel, Günter Grass, Steidl Verlag
Das Volkswagenwerk und seine Arbeiter im Dritten Reich, Hans Mommsen, Econ Verlag
O Jerusalem, Larry Collins, Dominique Lapierre, Steimatzky
Der Brand, Jörg Friedrich, List
The Night Trilogy, Elie Wiesel, Hill and Wang
Ich wollte Deutschlands Einheit, Helmut kohl, Ullstein　他多数

◆新聞・雑誌

Frankfurter Allgemeine Zeitung, Frankfurter Rundschau,
Süddeutsche Zeitung, Tagesspiegel, Die Zeit, Time, Newsweek
Der Spiegel, Stern　他多数

◆ウェブサイト

Deutsche Bank, Allianz, Siemens, Degussa,
Stiftung "Erinnerung, Verantwortung und Zukunft "
Aktion Sühnezeichen Friedensdienst
Internationales Auschwitz Komitee　他多数

熊谷　徹（くまがい・とおる）
1959年東京生まれ。早稲田大学政経学部卒業後、NHKに入局。ワシントン支局勤務中に、ベルリンの壁崩壊、米ソ首脳会談などを取材。90年からはフリージャーナリストとしてドイツ・ミュンヘン市に在住。過去との対決、統一後のドイツの変化、欧州の政治・経済統合、安全保障問題、エネルギー・環境問題を中心に取材、執筆を続けている。
著書に『観光コースでないベルリン』（高文研）、『5時に帰るドイツ人、5時から頑張る日本人』（SB新書）、『ドイツ人はなぜ、1年に150日休んでも仕事が回るのか』（青春新書インテリジェンス）、『なぜメルケルは「転向」したのか―ドイツ原子力四〇年戦争の真実』『ドイツ中興の祖ゲアハルト・シュレーダー』（以上、日経BP）、『顔のない男―東ドイツ最強のスパイの栄光と挫折』『あっぱれ技術大国ドイツ』（以上、新潮社）など。
ホームページ：http://www.tkumagai.de

ドイツは過去とどう向き合ってきたか

● 2007年4月1日　　　　　　　　　第1刷発行
● 2018年3月1日　　　　　　　　　第5刷発行

著　者／熊谷　徹
発行所／株式会社　高文研
東京都千代田区神田猿楽町2-1-8 〒101-0064
TEL 03-3295-3415　振替00160-6-18956
http://www.koubunken.co.jp
組版／Web D
印刷・製本／三省堂印刷株式会社

★乱丁・落丁本は送料当社負担でお取り替えします。

ⓒTORU KUMAGAI 2007, Prrinted in Japan
ISBN978-4-87498-378-2 C0021

◆高文研の好評既刊　歴史と現状を考える◆

■日本・中国・韓国＝共同編集
第２版　未来をひらく歴史
●東アジア3国の近現代史　1,600円
3国の研究者・教師らが3年の共同作業を経て作り上げた史上初の先駆的歴史書。

日中戦争全史　上
笠原十九司著　2,300円
対華21カ条要求からアジア太平洋戦争敗戦までの全体像を日中欧米の資料を駆使して叙述。

日中戦争全史　下
笠原十九司著　2,300円
これまでの歴史書にない日中全面戦争とアジア太平洋戦争の全体像を描く。

日本軍毒ガス作戦の村
石切山英彰著　2,500円
●中国河北省・北坦村で起こったこと
日中戦争下、日本軍の毒ガス作戦により、千人の犠牲を出した「北坦事件」の真相。

「戦場体験」を受け継ぐということ
遠藤美幸著　2,200円
●ビルマルートの拉孟全滅戦の生存者を尋ね歩いて
援蔣ルートの要衝・拉孟（らもう）を巡る、日本軍と中国軍の百日間にわたる激闘の記録。

戦争を悼む人びと
シャーウイン裕子著　2,000円
「加害」の記憶を抱きしめる――戦争の内省を重ねてきた戦場体験者と未体験者の証言集。

イアンフとよばれた戦場の少女
川田文子著　1,900円
日本軍に拉致され、人生を一変させられた性暴力被害者たちの人間像に迫る！

重慶爆撃とは何だったのか
戦争と空爆問題研究会編　1,800円
●もうひとつの日中戦争
世界史上、無差別戦略爆撃を始めた日本軍の「空からのテロ」の本質を明らかにする。

平頂山事件とは何だったのか
平頂山事件訴訟弁護団編　1,400円
1932年9月、突如日本軍により三千人余が虐殺された平頂山事件の全貌。

シンガポール華僑粛清
林博史著　2,000円
●日本軍はシンガポールで何をしたのか
日本軍による"大虐殺"の全貌を、日英の資料を駆使して明らかにした労作！

憲兵だった父の遺したもの
倉橋綾子著　1,500円
父から中国人への謝罪の言葉を墓に彫り込んでほしいと遺言を託された娘の心の旅。

サハリン残留
玄武岩・パイチャゼ・スヴェトラナ著
写真＝後藤悠樹　2,000円
日本敗戦から現在まで、国策に翻弄されながらも国境を越えて逞しく生きる人びとの記録。

開拓民
宗景正／写真・文　2,500円
満州開拓民の戦後の苦難の道のりと、三国志の時代にも劣らぬ波乱・激動の現代中国の今を伝える写真ルポルタージュ。

キーワード30で読む　中国の現代史
田村宏嗣著　1,600円
中国を、30個のキーワードで案内する。

知ってほしい国ドイツ
新野守広・飯田道子他著　1,700円
ドイツとはいったいどういう国柄なのか？もっと深く知りたいドイツを知る入門書

◎表示価格は本体価格です（このほかに別途、消費税が加算されます）。

◇歴史の真実を探り、日本近代史像をとらえ直す◇

東学農民戦争と日本
中塚明・井上勝生・朴孟洙著　1,400円
●もう一つの日清戦争
朝鮮半島で行われた日本軍最初の虐殺作戦の歴史事実を、新史料を元に明らかにする。

NHKドラマ「坂の上の雲」の歴史認識を問う
中塚明・安川寿之輔・醍醐聰著　1,500円
●日清戦争の虚構と真実
司馬の代表作『坂の上の雲』を通して、日本人の「朝鮮観」を問い直す。

司馬遼太郎の歴史観
中塚明著　1,700円
●その「朝鮮観」と「明治栄光論」を問う
近代日本最初の対外戦争の全体像を伝える。

オンデマンド版 歴史の偽造をただす
中塚明著　3,000円
朝鮮王宮を占領した日本軍の作戦行動を記録した第一級資料の発掘。

日本と韓国・朝鮮の歴史
中塚明著　1,300円
これだけは知っておきたい
日朝関係史の第一人者が古代から現代まで基本事項を選んで書き下ろした新しい通史。

歴史家 山辺健太郎と現代
中塚明編著　2,200円
日本の朝鮮侵略史研究を切り拓いた歴史家・山辺健太郎の人と思想。

日本は過去とどう向き合ってきたか
山田朗著　1,700円
日本の極右政治家が批判する〈河野・村山・宮沢〉歴史三談話と靖国問題を考える。

日露戦争の真実
山田朗著　1,400円
これだけは知っておきたい
軍事史研究の第一人者が日本軍の〈戦略〉〈戦術〉を徹底検証、新たな視点を示す！

朝鮮王妃殺害と日本人
金文子著　2,800円
誰が仕組んで、誰が実行したのか。10年を費やし資料を集め、いま解き明かす真実。

日露戦争と大韓帝国
金文子著　4,800円
●日露開戦の「定説」をくつがえす
近年公開された史料を駆使し、韓国からの視線で日露開戦の暗部を照射した労作。

補訂増補版 福沢諭吉と丸山眞男
安川寿之輔著　3,700円
福沢を「典型的な市民的自由主義者として」イメージを定着させた丸山眞男の"製造者責任"を問う！

福沢諭吉のアジア認識
安川寿之輔著　2,200円
朝鮮・中国に対する侮辱的・侵略的発言を繰り返した民主主義者・福沢の真の姿。

福沢諭吉の戦争論と天皇制論
安川寿之輔著　3,000円
啓蒙思想家・民主主義者として名高い福沢は忠君愛国を説いていた!?

福沢諭吉の教育論と女性論
安川寿之輔著　2,500円
「民主主義者」「女性解放論者」の虚像を福沢自身の教育論・女性論をもとに覆す。

近代日本の戦争
梅田正己著　1,800円
これだけは知っておきたい
日本近代史を「戦争」の連鎖で叙述した新しい通史。

◎表示価格は本体価格です（このほかに別途、消費税が加算されます）。

◇〈観光コースでない〉シリーズ◇

観光コースでないソウル
佐藤大介著　1,600円
ソウルの街に秘められた、日韓の歴史の痕跡を紹介。ソウルの歴史散策に必読！

観光コースでない韓国 新装版
小林慶二著／写真・福井理文　1,500円
有数の韓国通ジャーナリストが、日韓ゆかりの遺跡を歩き、歴史の真実を伝える。

観光コースでない「満州」
小林慶二著／写真・福井理文　1,800円
日本の中国東北"侵略"の現場を歩き、克服さるべき歴史を考えたルポ。

観光コースでない香港・マカオ
津田邦宏著　1,700円
中国に返還されて15年。急速に変貌する香港にマカオを加え、歴史を交えて案内する。

観光コースでないグアム・サイパン
大野俊著　1,700円
先住民族チャモロの歴史から、戦争の傷跡、米軍基地の現状等を伝える。

観光コースでない沖縄 第四版
新崎盛暉・謝花直美・松元剛他著　1,900円
「見てほしい沖縄」「知ってほしい沖縄」沖縄の歴史と現在を伝える本！

観光コースでない広島
澤野重男・太田武男他著　1,700円
広島に刻まれた時代の痕跡は今も残る。その現場を歩き、歴史と現状を考える。

観光コースでない東京 新版
樽田隆史著／写真・福井理文　1,400円
今も都心に残る江戸や明治の面影を探し、戦争の神々を訪ね、文化の散歩道を歩く。

観光コースでないベトナム 新版
伊藤千尋著　1,600円
あれから40年、戦争の傷跡が今も残る中、新たな国づくりに励むベトナムの「今」！

観光コースでないサイゴン
野島和男著　1,700円
ベトナム・サイゴンの歴史と戦争の傷跡を訪ね、もうひとつのサイゴンを案内します！

観光コースでないミャンマー（ビルマ）
宇田有三著　1,800円
軍政時代からミャンマーを見つめてきた報道写真家によるフォトルポルタージュ。

観光コースでないロンドン
中村久司著　1,800円
英国二千年の歴史が刻まれたロンドンの街並みを、在英三十年の著者と共に歩く。

観光コースでないウィーン
松岡由季著　1,600円
ワルツの都のもうひとつの顔。ユダヤ人迫害の跡などを訪ね二〇世紀の悲劇を考える。

観光コースでないベルリン
熊谷徹著　1,800円
ベルリンの壁崩壊から20年。日々変化する街を在独のジャーナリストがレポート。

観光コースでないハワイ
高橋真樹著　1,700円
観光地ハワイの知られざる"楽園"の現実と、先住ハワイアンの素顔を伝える。

◎表示価格は本体価格です（このほかに別途、消費税が加算されます）。